Breithaupt / Jockers · Der Heilkräutergarten

Buchreihe
„Aus dem Schwarzwald"
Band 4 · Der Heilkräutergarten

Bisher erschienen:

Band 1 · Hammerstrumpf
Band 2 · Museumsführer Ortenaukreis
Band 3 · Mühle und Kleiekotzer

Christian Breithaupt / Inge Jockers

Der Heilkräutergarten

Schwarzwälder Freilichtmuseum

Reiff Schwarzwaldverlag Offenburg

Die Deutsche Bibliothek – CIP-Einheitsaufnahme

Der **Heilkräutergarten** : Schwarzwälder Freilichtmuseum /
Christian Breithaupt/Inge Jockers. - 2., erg. Aufl.
Offenburg : Schwarzwaldverl., 2001
(Aus dem Schwarzwald ; Bd. 4)
ISBN 3-922663-68-0

Copyright © 1997
A. Reiff GmbH & Cie. KG, Offenburg
Schwarzwaldverlag

Herausgeber:
Landratsamt Ortenaukreis

Konzeption und Layout:
Roland Hänel

Satz und Reproduktion:
Markus Luchner, Schwarzwaldverlag

Druck:
Straub Druck + Medien GmbH, Schramberg

Verarbeitung:
Zeh & Bross, Offenburg

Fotos:
Christian Breithaupt
Abbildungen S. 15, 20, 21, 23, 26, 27, 28 aus:
Kreutter-Kunst Freiburg 1986

Inhaltsverzeichnis

Einführung 6

Die Anlage des Gartens im Museum (Heidrun Holzförster) 9

Heilen mit Kräutern in der Geschichte (Inge Jockers) 10
    Das magisch-mystische Heilkräuterverständnis 10
    Auf den Spuren der Heilkräuter und ihrer
      schriftlichen Überlieferung 17
    Kräutergeschichte und ihre heutige Bedeutung 31
    Literaturverzeichnis 32

Der Heilkräutergarten im Schwarzwälder Freilichtmuseum
(Christian Breithaupt) 33
    Das Ordnungsprinzip des Gartens 33
    Der Garten im Wandel der Jahreszeiten 33
    Pflanzen des Gartens 35
    Inhaltsstoffe von Pflanzen 36
    Anwendung von Heilpflanzen 40
    Übersicht der ausgewählten Heilpflanzen 41
    Pflanzenportraits 42
    Literaturverzeichnis 91

Kräutergärten in der Umgebung 91
Pflanzenregister (Dieter Kauß) 92

Einführung

Dieser FÜHRER DURCH DEN HEILKRÄUTERGARTEN des Schwarzwälder Freilichtmuseums soll Ihnen helfen, in der großen Vielfalt der angebauten Kräuter den Überblick zu bewahren. Er bietet spannungsreiche, wissenswerte Informationen über Heilpflanzen allgemein und ausgewählt und ermöglicht – da der Besucher die lebenden Pflanzen im Garten direkt beobachten kann – ein intensives Kennenlernen dieser Pflanzen. Zu Hause kann das Büchlein als Nachschlagewerk verwendet werden und soll ermuntern, das eine oder andere Rezept selbst einmal auszuprobieren.

Die Kenntnis um die Heilwirkung mancher Pflanzen ist ein altes Kulturgut, von Menschen durch Jahrhunderte weitergegeben. Daher hat der Heilkräutergarten im SCHWARZWÄLDER FREILICHTMUSEUM einen guten Platz.

Heute werden in der ganzen Welt große Anstrengungen unternommen, neue Heilpflanzen für die Gewinnung von Arzneistoffen zu finden. Dabei bedient man sich oft der Kenntnisse alter Völker bzw. ihrer Medizinmänner, um wirksamen Pflanzen auf die Spur zu kommen. Die wissenschaftliche Analyse dieser traditionellen Heilpflanzen hat in vielen Fällen ihre heilende Wirkung bestätigt. Das Wissen um unsere einheimischen Heilpflanzen wurde lange Zeit vernachlässigt und deshalb immer spärlicher. Erst in jüngster Zeit rückten auch sie in den kritischen Blick der Wissenschaft. Erste Ergebnisse dieser Untersuchungen führten einerseits zur wohlbegründeten Etablierung einiger traditioneller Heilpflanzen, andererseits zeigen sie aber auch, daß von manchen altüberlieferten Heilpflanzen beträchtliche gesundheitliche Risiken ausgehen können.

Die weit verbreitete Meinung, daß Heilpflanzen nur helfen und in keinem Fall schaden können, ist falsch! Einige der stärksten Gifte und Rauschmittel, die wir kennen, stammen von Pflanzen. Andererseits ernähren wir uns von vielen Pflanzen, die keinerlei pharmakologische Wirkung haben. Zwischen den Pflanzen, die auf den menschlichen Organismus eine extrem giftige Wirkung haben, und jenen, die unseren Körper unwirksam passieren, gibt es eine Reihe von Pflanzen, deren Wirkung auf den menschlichen Körper von gemäßigter Art ist. Während der Umgang mit den giftigen Vertretern der Heilpflanzen allein Sache des kundigen Arztes oder Apothekers ist, sollen in diesem Büchlein die „gemäßigten Heilpflanzen" genauer betrachtet werden. Sie alle enthalten jedoch auch Wirkstoffe, die in bestimmter Weise in unseren Körper eingreifen und sind deshalb immer mit Vorsicht und Verstand zu genießen!

Bei vielen kleineren Beschwerden können Heilpflanzen als Ergänzung zu herkömmlichen Medikamenten eingesetzt werden. Ihre richtige Anwendung spart nicht nur Geld, sondern verblüfft auch immer wieder durch erstaunliche Erfolge. Wichtig ist in jedem Fall, daß man sich über die Ursachen dieser Beschwerden immer im klaren ist. Im Zweifelsfall geht kein Weg am Arzt vorbei! In diesem Sinne wünsche ich allen Besuchern unseres Gartens Gesundheit und viel Spaß beim Ausprobieren.

Dr. Dieter Kauß
Museumsleiter

Anlage des Gartens

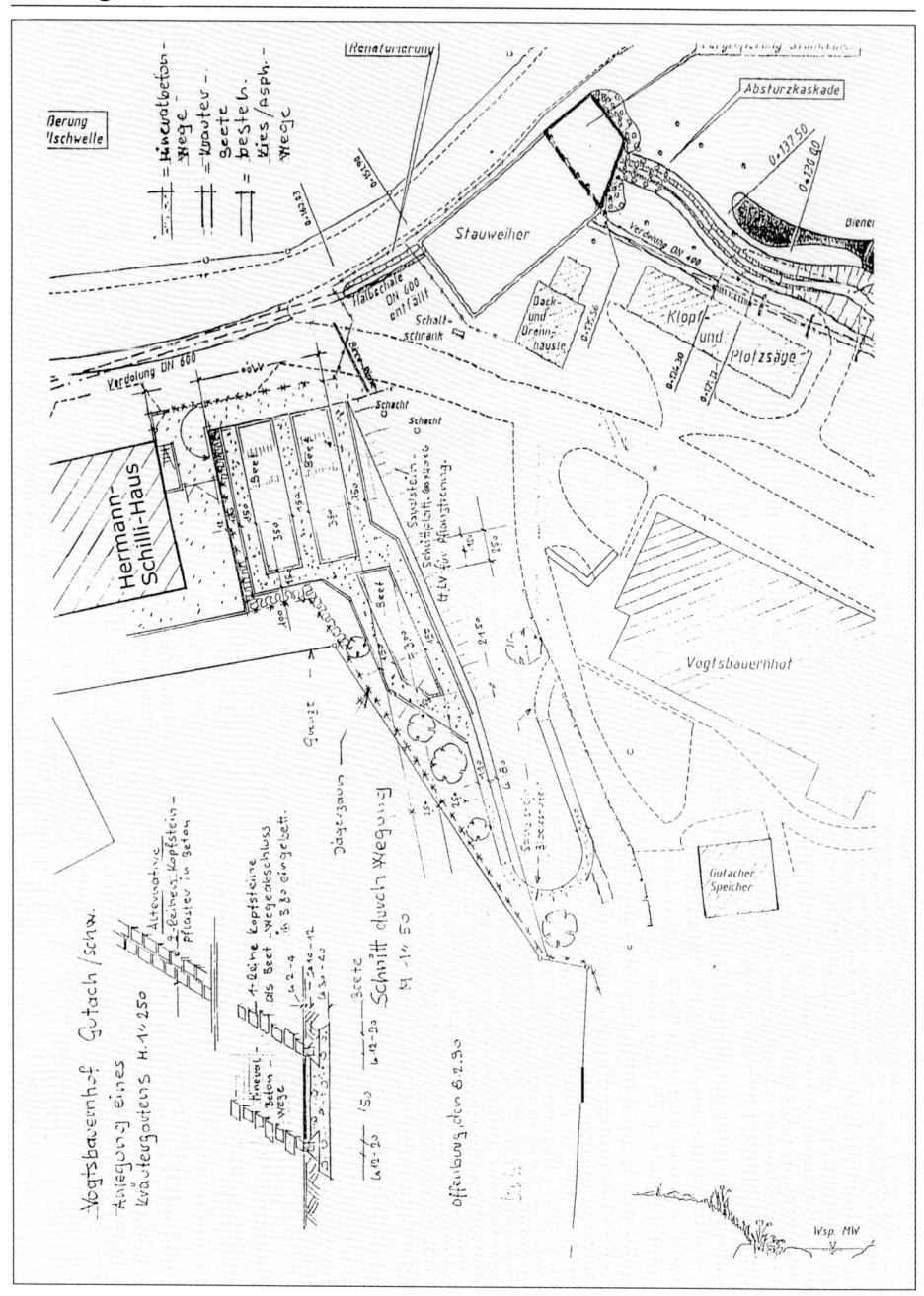

Anlage des Gartens

Die Anlage des Gartens im Museum

Schon in den 70er Jahren sahen es Museumsgründer Prof. Hermann Schilli und seine Mitarbeiter als sinnvoll und notwendig an, Heilkräuter im Schwarzwälder Freilichtmuseum zu präsentieren und darzustellen. Kräuterbücher wurden befragt und nach und nach Heilkräuter, die im Schwarzwald bekannt waren, angepflanzt. Oberhalb des Vogtsbauernhofes wurden an einem Osthang kundig und liebevoll mehrere Bereiche mit Heilkräutern angelegt. Anerkennung für diesen Schritt blieb nicht versagt. Das Gelände wurde aber in der Folge immer stärker von den Bäumen beschattet.

Da die meisten Kräuter volle Sonne lieben, wurde der alte Standort durch die zunehmende Beschattung immer unbefriedigender. 1989 ergab sich die Möglichkeit, das Museumsgelände vor dem Hermann-Schilli-Haus um eine Fläche zu erweitern. Sonnig und eben war sie ausgesprochen gut für einen neuen Kräutergarten geeignet. Dieser wurde im Frühjahr 1990 gebaut und bepflanzt. Die Fläche wurde in drei etwa gleich große Beete von 3,5 Meter Breite und ca. 13 Meter Länge aufgeteilt. Auf jeder Beetseite läuft ein 1,5 Meter breiter Weg. Diese relativ große Wegbreite hat sich sehr bewährt. Sie verleiht der Fläche Großzügigkeit. Zwei bis drei Personen kommen ohne Gedränge aneinander vorbei. Bei Führungen können sich Gruppen dichter sammeln und blockieren nicht den ganzen Weg. Die Beete sind gegenüber den Wegen mit doppelseitigem Sandstein-Kopfsteinpflaster abgegrenzt. Zur Stabilisierung sind sie in Beton verlegt. Die Wege tragen eine wasserdurchlässige Mineral-Beton-Decke und werden nach Bedarf alle paar Jahre neu eingesplittet. Das anfallende Oberflächenwasser kann versickern. Es wurde keine zusätzliche Entwässerung gebaut.

Ursprünglich sollten die Beete mit Kräutern bepflanzt werden, die regional von der Schwarzwälder Bevölkerung in den Gärten angebaut und benutzt wurden. Dazu wurden zahlreiche alte Menschen befragt. Zur leichteren Orientierung wurden die Kräuter in den Beeten nach Verwendungszweck (Indikation) zusammengefaßt und die einzelnen Bereiche durch Trittplatten abgegrenzt. Bis heute wird diese Einteilung von den Besuchern als lehrreich, praktisch und überschaubar gelobt. Aufgrund häufiger Mehrfachwirkungen sind einige Kräuter in verschiedenen Verwendungsbereichen „zu Hause".

Der neue Kräutergarten hat das erste Jahrsiebt hinter sich gebracht. Nicht nur der Mensch regeneriert während sieben Jahren seine Zellen. Auch der Kräutergarten hat sich verändert. Heute steht nicht mehr die regionale Verwendung im Vordergrund. Kräuter, die auch die moderne Medizin und Heilkunde verwenden, wurden ergänzt. Kräuter und Heilpflanzen haben den Menschen Jahrtausende auf seinem Weg begleitet. Der Kräutergarten im Museum trägt dazu bei, daß der moderne Mensch „seine Apotheke um sich herum" wieder erkennt. Und wir bewahren nur, was wir kennen . . .

Geschichte

Heilen mit Kräutern in der Geschichte

Das magisch-mystische Heilkräuterverständnis

Um Krankheiten zu lindern, das Wohlbefinden wieder herzustellen, benutzten die Menschen Heilmittel pflanzlicher, mineralischer und tierischer Herkunft. Pflanzen sind seit jeher Nahrungs- und Heilmittel für Mensch und Tier. Menschen wie Tiere genießen ihnen zuträgliche Pflanzen und vermeiden giftige.

Wie die Heilwirkung der Kräuter durch die Jahrhunderte hindurch begründet und gedeutet wurde, hängt mit dem Wissensstand und der jeweiligen Denkstruktur der Menschen in ihrer Zeit zusammen. Die Menschen scheinen den Heilkräften der Pflanzen allein nicht vertraut zu haben. Viel Magie und Zauber wurde betrieben.

Die Erklärungsversuche entsprechen dem Weltbild der Zeit. Dabei spielte auch die Absicht der jeweiligen Verfasser und Machtträger eine Rolle. Die Heilkundigen wollten wahrscheinlich nicht der bescheidenen Pflanze allein den Ruhm des Heilens überlassen. Sie wollten vielleicht ihre Rolle als Schamane, Medizinmann, Druide, Klosterbruder oder Arzt sichern, indem sie den Vorgang der Heilung einbetteten in geheimnisvolle Abläufe.

Die Kirche hat lange Zeit die Sicht der Dinge geprägt durch teilweise rigoroses Vorgehen gegen die aufkommenden wissenschaftlichen Forschungsweisen in der Renaissance.

Krankheiten und ihre Ursachen

Die Auseinandersetzung mit den körperlichen und seelischen Gebrechen und die Art und Weise ihrer Behandlung hängt davon ab, wie die Ursachen der Krankheit gedeutet werden. Solange als Ursachen Krankheitsdämonen und außerirdische Kräfte, böser Blick und Verwünschungen, Schuld und Bestrafung angenommen werden, kann der Heilungsprozeß nur mit der Bekämpfung dieser Ursachen in Gang gesetzt werden. Das gesprochene und geschriebene Wort, Rituale, magische Handlungen, Beschwörungsformeln und Zaubereien galten als genauso heilwirksam wie Kamillentee.

„Krut, steine unde wort – Hant an kreften grozen hort." (Freidank, 13. Jh., zitiert nach Marzell 1922:74)

Bestraft Gott den sündigen Menschen mit Krankheit, wie das mittelalterliche Weltbild es sah, dann kann es keine Heilung durch Menschenhand und -wille geben, dann können allein das Gebet und der Glauben heilen und die von Gott geschaffenen Heilpflanzen.

„Für die oben besprochenen Krankheiten sind von Gott die nachstehenden Heilmittel angewiesen worden: Sie werden entweder den Menschen befreien, oder er wird sterben, oder Gott will ihn nicht von seiner Krankheit frei machen." (Hildegard von Bingen, zitiert nach Schipperges 1957:250)

Verursachen der Satan, Dämonen oder das Böse die Krankheiten, muß man diese Kräfte besiegen, um gesund zu werden.

Es war nicht einfach, ohne wissenschaftliche Forschungsmethoden die Krankheitsursachen zu erklären und zu verstehen.

Geschichte

Bakterien und Viren waren außerhalb jeder Vorstellung. Das Mikroskop ist eine Erfindung des 17. Jahrhunderts. Der Begriff der Ansteckung war nicht anerkannt. Ibn Al Hafib aus Andalusien schreibt noch um 1348 in einer Schrift über die Pest: „Wenn man fragt: Wie können wir die Behauptung, es gebe Ansteckung, billigen, wo doch das heilige Gesetz sie in Abrede stellt, dann antworten wir: Die Existenz der Ansteckung steht fest auf Grund der Erfahrung und genauer Forschung, auf Grund der sinnlichen Wahrnehmung, des Augenscheins und sich immer wiederholender Nachrichten – und das sind die Elemente des Beweises." (Zitiert nach Schipperges 1976:228)

Grundlage des Verständnisses von Krankheit und Heilung bildete noch im Mittelalter die Lehre der vier Elemente Feuer, Luft, Erde, Wasser, die das Weltgefüge zusammenhalten (Empedokles 5. Jh. v. Chr.). Diesen Elementen entsprechen in der Humoralpathologie vier Körpersäfte: gelbe und schwarze Galle, Blut, Schleim. Das Wohlbefinden des Menschen hängt vom harmonischen Zusammenspiel dieser Säfte ab. Überfluß oder Verdorbenheit der Säfte führen zu Unstimmigkeiten im Befinden und verursachen die Krankheiten. Die Säftelehre ist eingespannt in ein weiterreichendes Beziehungsgeflecht und Zuordnungssystem. Idealerweise sind die Säfte im Menschen in einem harmonischen Verhältnis. Ein Saft dominiert und bestimmt dadurch den Charakter: Gelbe Galle = Choleriker; schwarze Galle = Melancholiker, Schleim = Phlegmatiker, Blut = Sanguiniker. Den Elementen und Säften entsprechen weitere Eigenschaften: trocken, feucht, kalt, warm. Wie der Mensch, so haben auch die Pflanzen ihre Merkmale. Um die Säfteharmonie im Menschen wieder herzustellen, ist diejenige Pflanze geeignet, die die entsprechenden Merkmale aufweist. Diese Ausführungen sind nur Bruchstücke aus einem komplexen Erklärungssystem.

Die Beschaffenheit der Organe, ihre Funktion im Organismus, sozusagen ihre Arbeitsweise, waren nicht bekannt. Sezieren war im Mittelalter nicht gestattet, da nach kirchlichem Glauben der Mensch nicht Gottes Werk zerlegen und durchschauen durfte. Im Blick der Behandlung stand der Mensch als Mikrokosmos, als Teil des Makrokosmos der Welt. Die ganzheitliche Medizin des Mittelalters und der Antike ist vor diesem Hintergrund zu sehen. Krankheiten und Krankheitsbilder wurden entsprechend des Wissens der Zeit diagnostiziert. Es gab die „Gichter", der Kopf war „entleert", der Magen „kalt", „Herzweh", „Fäulnis" im Innern, Traurigkeit, Dreitagefieber. Es waren andere Gebrechen, die die Menschen plagten: Pest, Lepra, Hieb- und Stichwunden, Geschwüre, Skorfeln, Knochenbrüche, Vergiftungen, Schlangenbisse, Tierbisse, Läuse.

Das mittelalterliche Weltbild ließ wie das der Antike Erklärungen im heutigen Verständnis nicht zu. In allem und allen wirkten die Kräfte einer höheren Instanz und bestimmten alles Sein.

Erkennen der Heilkräuter und Heilen

Das ganzheitliche Weltbild läßt alles, was ist, in einer geformten Sinnhaftigkeit erscheinen. Weist etwas Ähnlichkeit mit etwas anderem auf, so ist das kein Zufall

Geschichte

sondern hat Bedeutung. Die Ähnlichkeit wird sozusagen als Fingerzeig einer höheren Instanz auf einen bestehenden Zusammenhang zwischen den Objekten gesehen.

Das Wissen um Heilungsvorgänge war mit religiösen und magischen Vorstellungen durchsetzt. Das mittelalterliche Analogiedenken stiftete Kausalitätsbeziehungen schon über Geruch, Blütenfarbe, Blattform genauso wie über erfahrbare Linderung von Beschwerden. Darauf fußte die im 16. Jahrhundert ausformulierte Signaturenlehre des Paracelsus (1493–1541) und viel von dem Zauber, der das Kräuterwissen bis heute begleitet.

Die Heilkräfte der Heilpflanzen waren nicht zu erklären, es sei denn als Götter- oder Gottesgabe. Wie aber erkannte man die Pflanzen, die heilten und nicht giftig waren? Wie wußte man, welche Gebrechen die Pflanzen jeweils heilten? Wie mußte man mit der Pflanze umgehen, damit sie ihre Heilkraft bewahrte und spendete? Tatsächlich wurde dieses Wissen wahrscheinlich durch Erfolg und Irrtum – also empirisch – im Laufe der Zeit erworben.

Die Deutungen und Erklärungen kamen im nachhinein dazu. Auffällige Merkmale von Pflanzen wurden beachtet. Der Wuchs, die Wurzelform, die Blütenfarbe und -gestalt. Der Duft der Pflanzen konnte ein Hinweis auf ihre Wirksamkeit sein. Dämonen verabscheuen Wohlgerüche, wie der „höllische" Gestank vermuten läßt. Mit Duftpflanzen vertrieb man deshalb die bösen Geister und damit die Krankheit, die sie verursachten. Hierzu zählen Thymian, Lavendel, Rosmarin, Raute, Liebstöckel. Der Geruch von Baldrian oder Knoblauch vertreibt Teufel und Dämonen. Allein dem Duft, verstärkt durch Räucherung mit Kräutern, wurde Kraft und Heilwirkung zugesprochen. Man denke an den Weihrauch im Gottesdienst.

Pflanzen waren nicht unterschieden nach rein ästhetischem Aspekt und Nutzaspekt. Eine Pflanze, die duftete und das Auge erfreute, trug auch zum Wohlbefinden bei. Der Duft reinigte die Luft, die Schönheit vergnügte die Sinne und beides verscheuchte die Krankheiten. Duftkissen und Duftbeutel galten als Heilmittel.

Ernte und Anweisungen zur Anwendung der Heilkräuter

Es bestand die Vorstellung, daß bestimmte Rituale beim Sammeln der Heilkräuter eingehalten werden müssen, nur so könne die Pflanze ihre heilsamen Kräfte bewahren. Spruchformeln, Zahlenmagie (3, 7, 9, 72, 77, 99), Verhaltensregeln, Vermeiden der falschen Werkzeuge gehören dazu. Die Pflanzen müssen stillschweigend, keusch und nüchtern vor Sonnenaufgang oder bei Mitternacht oder abnehmendem Mond gesammelt werden und niemand dürfe einen dabei ansprechen. Die Pflanze dürfe nicht mit Eisen berührt werden, also auch nicht mit dem Messer abgeschnitten. Sie müsse mit der linken Hand geerntet werden. Man solle nur an bestimmten Tagen sammeln: Johannistag, Maria Himmelfahrt. Man müsse einen Spruch dreimal sagen und jedesmal ausspucken.

Zur Ernte der Iriswurzel gibt Plinius in Anlehnung an Theophrastos von Eresos folgende Anleitung: „Leute, welche Iriswurzeln sammeln, begießen sie drei Monate

Geschichte

vorher mit Honigwasser, um durch diese Schmeichelei die Erde zu versöhnen. Dann ziehen sie um die Iris mit der Spitze des Schwertes einen dreifachen Kreis, und haben sie dieselbe herausgenommen, so heben sie sie sogleich gen Himmel ..." (Zitiert nach Vogellehner 1986:49).

Eine weitere Anweisung zum Ausgraben der Wurzel des Kreuzenzians besagt, daß sie mit einem Pfennig ausgegraben werden muß, dann unter das Altartuch gelegt, ohne daß der Pfarrer es wußte und anschließend mußten drei Messen darüber gelesen werden. (Perger 1864:170).

Als Sympathiemittel wurden Heilpflanzen verwendet. Darunter versteht man Mittel, deren Anwendung mit symbolischen Handlungen verknüpft ist. Befolgt man die Anleitungen, so können z. B. Krankheiten auf ein Kraut oder einen Baum übertragen werden. Man hängt Breitwegerichwurzeln bei Fieber um den Hals in ungerader Zahl, nach unten gerichtet. Sind die Wurzeln verdorrt, so wirft man sie unbeschrien über die Achsel in den Bach und damit auch das Fieber (Marzell 1922:83). Es helfen auch drei Wegerichblätter gegen Fieber ans Bett geheftet (Meyer 1900/1984:569).

Beschwörungsworte werden auf Pflanzenblätter geschrieben und verstärken deren Wirkungen (Marzell 1922:88).

Allein auf die Wirkungskraft der Pflanze scheinen die Menschen nicht vertraut zu haben. Sammlungsrituale und Beschwörungsformeln gehören gleichwertig zum Behandlungsvorgang.

Auch Liebeszauber wurde mit Heilpflanzen betrieben. Damit sie wirksam waren, mußten folgende Worte beim Ausgraben gesprochen werden:
„Verbeen, agrimonia, modelger
Charfreytags graben hilfft dich sehr,
Daß dir die frawen werden holdt,
Doch brauch kein eisen, grabs mit goldt."
(Eisenkraut, Odermennig, Kreuzenzian)
(16. Jh., Zitiert nach Marzell 1922:92)

Das Johanniskraut gibt als Orakelpflanze Auskunft, ob der/die Geliebte einem zugetan ist: man zerquetscht die gelben Blütenblätter. Entsteht roter Saft, ist es Liebe. Dazu spricht man:
„Bist mer gut, gibst mer Blut. Bist mer gram, gibst mer Schlaem" (Marzell 1922:43).

Heilpflanzen in Sagen und Legenden

In Sagen und Legenden treten dieselben Pflanzen auf, die als Heilkräuter eine Rolle spielen.

Heilpflanzen wurden mit Christus oder Maria in Verbindung gebracht: Christrose, Frauenmantel, Marienbettstroh, Marienblümchen. Von der Mariendistel mit ihren weißgefleckten Blättern wird erzählt, daß beim Stillen des Jesuskindes Milch der Muttergottes auf die Blätter der Distel getropft sei. So erhielt sie die weißen Flecken und ihre Heilkraft. (Perger 1864:71).

Heilpflanzen sind vom Teufel bedroht, weil der sich über ihre Heilkraft ärgert. Über den Teufelsabbiß (*Succisa pratensis*) heißt es: Der kurze Wurzelstock sehe deshalb wie abgebissen aus, weil der Teufel aus Wut über deren Heilkraft die Pflanze zerstören wollte. „Teuffelsbiß ... hat seinen Namen bey dem gemeinen Mann von wegen der abgebissenen oder vielmehr abgefaulten wurtzeln bekommen/dan das

Geschichte

aberglaubisch Volk davor haltet/daß diese wurtzel von wegen seiner fürtrefflichen Krafft und Tugendt die sie hat/von dem Teuffel also abgebissen werde/der dieses Kraut als ein abgesagter Feind des menschlichen Geschlechts gern hette wöllen verderben und vertilgen ..." (Tabernaemontanus, 1588, der sich auf griechische Quellen beruft. Zitiert nach Marzell 1922:118).

Die Blättchen des Johanniskrauts, nach der Christianisierung benannt nach dem heiligen Johannes, sehen gegen das Licht gehalten aus, als wären sie vielfach durchstochen. Die hellen Punkte sind mit ätherischen Ölen gefüllte Drüsen. Daraus entstand die Geschichte, der Teufel hätte voller Wut die Blättchen zerstochen, weil die Pflanze so heilwirksam sei.

Weit verbreitet ist die Legende, nach der die Menschen während großer Epidemien wie der Pest, durch Stimmen oder sprechende Tiere auf rettende Heilpflanzen hingewiesen wurden. „Esset Knoblauch und Bibernelle, dann sterbet ihr net so schnelle!" (Marzell 1922:89).

Heilkräuter und kirchliche Feste

Heilkräuter sind auch in das Brauchtum an kirchlichen Feiertagen und Festen eingebunden. Eigenwillig ist die Mischung zwischen religiösen und magischen Handlungen und Denkweisen.

Bei der Hochzeit trugen das Brautpaar und zum Teil auch die Gäste in den Händen Rosmarinzweige. Der Bräutigam trug an manchen Orten Rosmarin im Knopfloch, die Braut zum Schutz im Schuh. Auch die Raute wurde zum Schutz von der Braut in den Schuhen getragen. Zur Hochzeit bekam manche Braut von zu Hause einen Rosmarinstock geschenkt. Die Hochzeitslader, die im Auftrag des Hochzeitspaares die Gäste einladen und die Hochzeit verkündigen, waren an manchen Orten mit Rosmarinsträußchen geschmückt. Beide Pflanzen, Rosmarin und Raute, sind auch Totenpflanzen. Ein Rosmarinzweig wurde ins Grab geworfen. Raute wurde zum Schutz des Neugeborenen in dessen Wiege gelegt.

Am Palmsonntag werden die Palmen in der Kirche geweiht. Sie bestehen u. a. aus Sadebaum (*Juniperus sabina*), Wacholder (*Juniperus communis*), Buchs (*Buxus sempervirens*), Stechpalme (*Ilex Aquifolium*), alles Pflanzen, die auch als Heilpflanzen galten. Die Palmen schützen im Garten oder Haus aufgestellt vor allem Bösen. Bei Krankheit von Mensch und Vieh helfen sie. Bei schwerem Gewitter wurde zum Schutz ein Zweig daraus im Herdfeuer verbrannt.

Am Gründonnerstag sollte man ein Gemüse oder Pfannkuchen aus neunerlei Kräuter essen, dann blieb man das Jahr über gesund. Genannt wurden: Taubnessel, Spinat, Bibernelle, Sauerampfer, Brennessel, Löwenzahn, Brunnenkresse, Petersilie, Lauch, Schnittlauch, Fetthenne.

Am Johannistag sollte man Kräuter sammeln, besonders Kamille, Arnika, Holunder. Als Johanniskräuter gelten Beifuß, Johanniskraut, Arnika. Das gelbblühende Johanniskraut, über Kreuz ans Fenster gesteckt, schützte das Haus bei Gewitter. Wurde um das Johannisfeuer mit einem Gürtel aus Beifuß (Sonnwendgürtel) getanzt, der anschließend hineingeworfen wurde, blieb man gesund, oder die vorhandene Krankheit ging in die Pflanze über und verbrannte mit.

Geschichte

An Maria Himmelfahrt ist die Kräuterweihe. Der geweihte Kräuterbusch ist gegen Krankheiten und Unheil wirksam: Goldrute, Schafgarbe, Blutströpfle (Wiesenknopf), Königskerze, Rainfarn, Wermut, Raute, Dost, Tausendgüldenkraut, Kamille, Odermennig, Fuchsschwanz, Salbei, Beifuß. Der Kräuterbusch ist sozusagen eine alte Hausapotheke. Bei Krankheiten von Mensch und Vieh können Zweige daraus helfen.

Heilkräuter in der Kunst und auf Altartafeln

Auf Altartafeln aus dem späten Mittelalter und der Renaissance sind zahlreiche Heilkräuter abgebildet. Sie sind als Beiwerk Heiligendarstellungen beigeordnet und haben symbolische Bedeutung. Aber es sind dieselben Heilkräuter, die in den Kräuterbüchern der Zeit als Heilmittel beschrieben werden. In Gottes Hand lag die Entscheidung über Krankheit und Gesund-

Paradiesgärtlein um 1410 – Städel'sches Kunstinstitut Frankfurt a. M.

Geschichte

heit. Gott verlieh den Kräutern ihre Heilkraft, die somit zu Heilpflanzen wurden. Realistische Pflanzendarstellungen um ihrer selbst willen waren kein Thema der damals religiös bestimmten Kunst.

Ein beeindruckendes Beispiel hierfür ist das Paradiesgärtlein eines unbekannten oberrheinischen Meisters, um 1410 gemalt. Maria, das Jesuskind und weitere Figuren in einem idyllischen Gärtlein, umgeben von Blumen und Kräutern sind dargestellt. Bei den Pflanzen handelt es sich um Heilpflanzen wie Stockrose, Lilie, Veilchen, Akelei, Schlüsselblume, Maiglöckchen, Schwertlilie, Pfingstrose, Märzenbecher, Nelke, Erdbeere. Dem Weltbild der Zeit entsprechend haben diese Pflanzen auch eine symbolische und religiöse Bedeutung.

Rose und Lilie sind Marienblumen, das Maiglöckchen wird wie die Lilie auf Verkündigungsdarstellungen abgebildet. Die Erdbeere mit ihren dreigefächerten Blättern, den weißen Blüten und der roten Frucht sind Maria zugeordnet, stehen aber auch für die weltliche Verlockung. Die Blüte der Akelei erinnert an die Taube, den Heiligen Geist.

Auch auf dem Isenheimer Altar des Matthias Grünewald, gemalt zwischen 1512 und 1516, bestimmt für den Krankensaal der Antoniusbrüder, sind zahlreiche Heilkräuter abgebildet. Sie stehen in Zusammenhang mit der Heilung der Krankheiten, für die der Antoniter-Orden im besonderen zuständig war. Es waren dies vor allem das „Heilige Feuer", die Mutterkornvergiftung, die Pest und die Pflege brandiger Glieder. Abgebildet sind: Breitwegerich, Spitzwegerich, Klatschmohn, Eisenkraut, Hahnenfuß, Drüsenwurz, Taubnessel, Queckengras, Gamander Ehrenpreis, Kreuzenzian, Schwalbenwurz, Wundklee, Cypergras, Spelt. (vergl. Seidler 1985).

Heilkräuter in Bauerngärten

Es ist auffallend, daß so wichtige Heilpflanzen des Mittelalters wie Rose, Lilie, Pfingstrose, Veilchen, Iris, Maiglöckchen, Vergißmeinnicht, Stiefmütterchen, Mutterkraut, Mohn, Akelei, Ringelblumen, Nelken, Lavendel, Salbei und Rosmarin in den Bauerngärten heute noch wachsen. Gewürzkräuter wie Petersilie, Schnittlauch, Thymian und Liebstöckel gehören dazu. Für Tees gibt es Pfefferminze, Melisse und Wermut.

Der Einfluß der Klöster auf die ihnen einst untergeordneten Landleute, die sie auch im Gartenbau belehrt haben werden, ist darin erkennbar. Die herrschaftlichen und bürgerlichen Gärten waren später ebenfalls Vorbilder für die Bauerngärten. Tulpen, Kaiserkrone, Tränendes Herz, Dahlien, Geranien, Roter Sonnenhut kamen später als Zierpflanzen dazu.

Bauerngärten sind in erster Linie Nutzgärten, auf deren begrenzter Fläche Nahrungsmittel für Mensch und Tier gezogen werden. Heilpflanzen und Gewürzkräuter wurden ihres Zweckes willen angepflanzt. Hierzu gehörten auch Blumen, da sie durch Duft und Schönheit zum Wohlbefinden beitrugen und wie die Rose und Lilie im Bezug zum Glauben standen. Im 20. Jahrhundert brauchte die Bäuerin mehr Blumen zum Schmücken der Gräber mit Sträußen.

Geschichte

Auf den Spuren der Heilkräuter und ihrer schriftlichen Überlieferung

Es ist beeindruckend, wie lange schon Menschen mit Kräutern heilen und daß es über Jahrtausende hinweg dieselben Kräuternamen sind, die in Schriften auftauchen. Wer sich in die Geschichte der Kräuter einliest, stößt immer wieder auf dieselben Namen. Immer wieder führen die Wege in die Antike. Das hängt mit der Geschichte der Überlieferung der Heilkunde zusammen. Mit den Benediktinermönchen und deren Klostergründungen kamen die antiken Quellen nach Mitteleuropa. Was zuvor hier an Heilwissen mit Kräutern vorhanden war, darüber gibt es kaum schriftliche Quellen. Die zur Christianisierung ausgeschickten Mönche waren nicht in erster Linie dazu berufen, vorhandenes heidnisches Wissen festzuhalten. Sie kopierten pflichtgemäß die überlieferten Werke und Lehren. Alltagswissen war nach dem damaligen Verständnis der Gelehrten nicht schriftwürdig.

Die volkstümlichen Pflanzenbenennungen z. B. bei Hildegard von Bingen lassen darauf schließen, daß die Pflanzen den Menschen schon länger vertraut waren, aber seit wann und wozu sie verwendet wurden, darüber gibt es keine schriftlichen Belege. Manche volkstümlichen Bräuche, in denen einheimische Heilkräuter eine Rolle spielen, legen die Vermutung nahe, daß sich darin Formen alter volksmedizinischer Handlungen bewahrt haben.

Über den Umgang mit Pflanzen in den ersten Jahrhunderten unserer Zeitrechnung und davor ist wenig bekannt. Über die Germanen schreibt Tacitus: „Sie bemühen sich nicht um die Fruchtbarkeit und die Ausdehnung des (bebauten) Bodens, sei es daß sie Fruchtgräben anlegen, Wiesengrundstücke abgrenzen und Gärten bewässern würden." (Hermann Fischer 1967:126).

Die Römer brachten auf ihren Eroberungszügen vermutlich neben ihren Ackerbaukenntnissen und Gewürzgepflogenheiten auch ihr Kräuterheilwissen mit, da sie ihre verwundeten Krieger pflegen mußten. Aber es gibt kaum Nachweise hierfür, außer wenigen Saatfunden. Der Weinbau geht z. B. auf die Römer zurück. Die Römer bauten im 1. Jahrhundert n. Chr. zur Durchquerung des Schwarzwaldes eine Straße von Straßburg über Offenburg durch das Kinzigtal über Rottweil nach Tuttlingen zur Donau.

Die Besiedlung des Schwarzwaldes wurde durch Klostergründungen vorangetrieben. Seit dem 7. Jahrhundert wurden Klöster in den Randgebieten des Schwarzwaldes gegründet. Im 8. bis 11. Jh. entstanden weitere Benediktinerklöster wie St. Trudpert, St. Blasien, Alpirsbach, St. Georgen und St. Peter. Es kann vermutet werden, daß durch die Klöster auch Kräuterwissen und Gartenkultur in den Schwarzwald mitgebracht wurden.

Schriftliche Aufzeichnungen über die Verwendung von Heilkräutern scheinen erst die Mönche mitgebracht zu haben, als sie diesseits der Alpen ihre Klöster gründeten. Ihr Wissen stammte aus antiken Quellen, die sie abschrieben und so weitergaben. Da diese Quellen südländische Heilpflanzen beschrieben, werden sie diese Pflan-

Geschichte

zen in ihren Klostergärten auch kultiviert haben, da sie in kälterem Klima nicht ungepflegt gedeihen.
Die Periode der Mönchsmedizin, beeinflußt von der Antike, dauerte bis 1130. Danach fand die arabische Tradition im Abendland ihre Verbreitung und veränderte die Richtung in der Medizin. Die neue universitäre Medizin im Abendland vom Ende des 11. Jahrhunderts an hatte ihr erstes großes Zentrum in der Schule von Salerno gefunden. Medizin wurde zu Beginn des 13. Jahrhunderts als eine „facultas" immer mehr in das „studium generale" der Universitäten aufgenommen.
Durch Berührung mit anderen Ländern und Kulturen kamen immer wieder neue Heil- und Nahrungspflanzen nach Mitteleuropa. Zur Zeit der Kreuzzüge (11.–13. Jh.) kamen orientalische Einflüsse über die mediterranen Länder nach Mitteleuropa. Orientalische Kulturgewächse wie Pistazie, Limone, Aprikose, Wassermelone, Sesam wurden bekannt. Der Spinat, arabischen Ursprungs, kam im 15./16. Jahrhundert über Spanien in unsere Gärten und löste die einheimische Gartenmelde ab.
Die Entdeckungsreisen im ausgehenden 15. und 16. Jahrhundert brachten weitere Heil- und Nahrungspflanzen wie Kapuzinerkresse, Berufkraut, Feuerbohne aus Übersee zu uns.

Kräuter in schriftlichen Quellen

Kräuter als Heilmittel waren in allen frühen Kulturen bekannt. Aber schriftliche Aufzeichnungen sind nur spärlich überliefert. Die Geschichte der schriftlich überlieferten Kräuterheilkunde beginnt im folgenden mit den bekannten griechischen Autoren, die unser Heilkundewissen prägten. Über die Vermittlung durch die Benediktiner, die in ihren Bibliotheken Handschriften griechischer, römischer und auch arabischer Autoren sammelten, abschrieben und übersetzten, fand das antike Kräuterwissen Eingang in die gedruckten Kräuterbücher des 15. und 16. Jahrhunderts.
Erst als mit Beginn der Renaissance mit eigenen Augen gesehen und geforscht wurde, weitete sich der Kräuterschatz auf die einheimische Botanik aus.
Im folgenden werden die Quellen vorgestellt, die das Kräuterwissen unserer Kultur wesentlich geprägt haben.

Antike

Hippokrates lebte im 5. Jh. v. Chr., stammte von der Insel Kos und wirkte als Arzt. Er gilt als Begründer der Medizin als Erfahrungswissenschaft. Durch Beobachtung werden Krankheitsbilder erkannt und analysiert, um die entsprechenden Heilungsprozesse einzuleiten. Damit wird das rein magische Denken der Zeit im Bereich der Heilkunde überwunden. Durch richtige Ernährung und Lebensweise soll die natürliche Heilkraft des Menschen gefördert werden (Diätetik). Heilkräuter finden hierbei ihren Einsatz. In den sogenannten hippokratischen Schriften, die nicht von ihm selbst verfaßt wurden, sind die Heilmethoden der Zeit festgehalten. Noch heute legen die Ärzte den Eid des Hippokrates bei Berufsbeginn ab.

Geschichte

Pedanius Dioskorides aus Anazarbos in Kleinasien (1. Jh. n. Chr.) schrieb ein mehrbändiges Werk über tierische, mineralische und pflanzliche Arzneimittel: „De materia medica". Dieses Werk faßte die Kenntnisse der damaligen Zeit zusammen. Beschrieben wurden über 600 Heilpflanzen aus dem Mittelmeerraum, ihr Aussehen und ihre Heilwirkung. Die mittelalterliche Pflanzen- und Heilkunde schöpfte aus seinen Werken.

Cajus Plinius Secundus (23–79 n. Chr.) sammelte in einer enzyklopädischen Naturgeschichte das Wissen seiner Zeit und trug so auch zur Überlieferung antiker Kenntnisse über Botanik und Pflanzenheilkunde ins Mittelalter bei. Plinius war eigentlich Staatsmann und Feldherr. Er soll auch Pflanzenkenntnisse der Germanen mit berücksichtigt haben.

Galenos aus Pergamon, genannt Galen (129–199 n. Chr.), der in Rom als Arzt wirkte, beeinflußte und korrigierte die Arzneimittelanwendung seiner Zeit wesentlich. In seinen Schriften setzt er sich kritisch mit seinen Vorgängern auseinander und führte eigene Experimente durch. Seine Schriften wurden oft kopiert und gelten als richtungsweisend für die Kräutermedizin des Mittelalters. Er experimentierte mit der Arzneimitteldosierung und empfahl u. a., verschiedene Stoffe miteinander zu mischen, um dadurch zu größerer Wirkung zu gelangen. Noch heute spricht man von galenischen Mitteln (Galenika) bei pharmazeutischen Zubereitungen wie Salben und Tinkturen.

Mittelalter

Die Benediktiner

Mönche überlieferten die antike Medizin. Die damals lebende Bevölkerung kannte sicher auch einheimische Heilpflanzen und deren Verwendung aus eigener Erfahrung. Aber diese wurden nicht schriftlich festgehalten. Hildegard von Bingen hat auch volksmedizinisches Wissen in ihren Schriften aufgenommen. Aber woher hat sie laut eigenen Aussagen ihr Wissen? Sie erhielt es von Gott in Visionen und nicht durch eigenes Nachdenken und Forschen. Die Berufung auf die Eingebung war Rechtfertigung und Gewährleistung für die Richtigkeit der Aussagen.

Das antike Kräuterwissen kam mit den Gründungen der Benediktinerklöster über die Alpen. In ihren Scriptorien kopierten die Mönche die antiken Schriften und übersetzten sie. Ausgehend von ihrem Mutterkloster „Monte Cassino" (gegr. 529 n. Chr.) verbreiteten sie ihre Lehre und ihr Wissen. In den Händen des Ordens der Benediktiner lag vom 6.–12. Jh. die abendländische Medizin: Dies war die Epoche der Klostermedizin in Europa. Die medizinischen Kenntnisse beschränkten sich vorwiegend auf die antiken, getreu kopierten Quellen. Selbst die Pflanzendarstellungen wurden exakt kopiert und nicht nach der in den Klostergärten vorhandenen Wirklichkeit dargestellt. „Eine auf Augenschein und nach der Natur erfolgte Nachprüfung der botanischen Kenntnisse fand wohl nur in den wenigsten Fällen statt." (Vogellehner 1984:70).

Die Benediktiner waren nach der „Regula sancti Benedicti", der Regel des heiligen

Geschichte

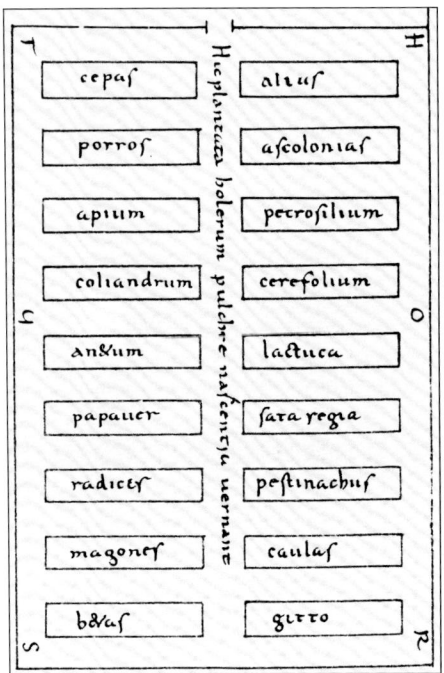

Der Gemüsegarten – Hortus – Detail aus dem St. Galler Klosterplan

Benedikt von Nursia (480–543), zu einem autarken Leben im Kloster verpflichtet: „Das Kloster soll einen Staat, eine Stadt für sich bilden, möglichst einer Entlehnung von außen nicht bedürftig sein." (Schlosser 1889:8). Besonders auch zur Krankenpflege waren die Mönche verpflichtet. Deshalb zogen sie in ihren Kräutergärten die benötigten Heilkräuter. Da sie ihr Wissen aus den antiken Quellen schöpften, heilten sie mit südländischen Kräutern, die sie in mühevoller Arbeit an das rauhe nördliche Klima gewöhnen mußten. „Durch die Benediktiner wurde die Verwendung ursprünglich nicht heimischer Kräuter angeregt, denn die Klöster bildeten die ärztlichen Versorgungspunkte des Landes und mußten die für ihre eigenen Bewohner und für die Anlieger erforderlichen Medikamente bereithalten." (Hennebo 1962:26/28).

Daß die antiken Quellen in Klöstern kopiert wurden, ist belegt, aber über den tatsächlichen Vorgang des Heilens selbst oder gar des Gartenbaus in den Klöstern gibt es keine direkten Aussagen aus der Zeit. Es lag dem Denken jener Zeit fern, Erfahrungen aus diesen nicht zum Kanon der Wissenschaften zählenden Bereichen zu verschriften.

Klosterplan des Benediktinerklosters von St. Gallen

Das erhaltene Dokument ist wahrscheinlich eine um 820 entstandene Kopie eines nur wenig älteren Dokuments. Als Empfänger wird Abt Gozbert vermutet, als Absender Abt-Bischof Heito auf der Reichenau. Der Plan entwirft eine ideale Klosteranlage jener Zeit, zu der auch Gartenanlagen gehörten. Im Entwurf des Kräutergartens (Herbularius) sind 16 Pflanzennamen aufgeführt, im Gemüsegarten (Hortus) weitere 18 Pflanzen. Der Plan wurde nie verwirklicht, aber er ist eine wertvolle Quelle und ein Hinweis auf den möglichen Pflanzenbestand in den Klostergärten jener Zeit.

Der Gemüsegarten liegt neben dem Haus des Gärtners. Darin sollten folgende Pflanzen wachsen:

cepas - Zwiebel - *Allium cepas*
porros - Lauch - *Allium porrum*
apium - Sellerie - *Apium graveolens*
coliandrum - Koriander - *Coriandrum sativum*

Geschichte

anetum - Dill - *Anetum graveolens*
papaver - Mohn - *Papaver somniferum*
magones - Mohn
radias - Rettich - *Raphanus sativus*
betas - Mangold - *Beta vulgaris*
alias - Knoblauch - *Allium sativum*
ascolonias - Zwiebelart - *Allium ascalonicum*
petrosilium - Petersilie - *Apium petrosilium*
cerefolium - Kerbel - *Anthriscus cerefolium*
lactua - Lattich - *Lactua scariola*
sataregia - Bohnenkraut - *Satureia hortensis*
pastinachus - Pastinak - *Pastinaca sativa*
caulus - Kohl - *Brassica oleracea*
gitto - Schwarzkümmel - *Nigella sativa*

Der Kräutergarten liegt an der Seite des „Ärztehauses". Darin sollten angepflanzt werden:
lilium - Weiße Lilie - *Lilium candidum*
rosas - Essigrose - *Rosa gallica*
fasiolo - Stangenbohne - *Dolchios melano*
sata regia - Bohnenkraut - *Satareia hortensis*
costa - Frauenminze - *Tanacetum balsamita*
fena graeca - Griechisch Heu - *Trigonella foenum graecum*
rosmarino - Rosmarin - *Rosmarinus officinalis*
menta - Minze - *Mentha*
salvia - Salbei - *Salvia officinalis*
ruta - Raute - *Ruta graveolens*
gladiola - Schwertlilie - *Iris germanica*
pulegium - Polei - *Mentha pulegium*
sisimbria - Krauseminze - *Mentha aquatica*

cumino - Kreuzkümmel - *Cuminum cyminum*
lubestico - Liebstöckel - *Levesticum officinale*
feniculum - Fenchel - *Anethum foeniculum*

Capitulare de villis vel curtis imperialibus
Das Dokument ist undatiert und wurde vermutlich um 800 von Karl dem Großen (742–814) oder Ludwig dem Frommen (778–840) erlassen als Verordnung über

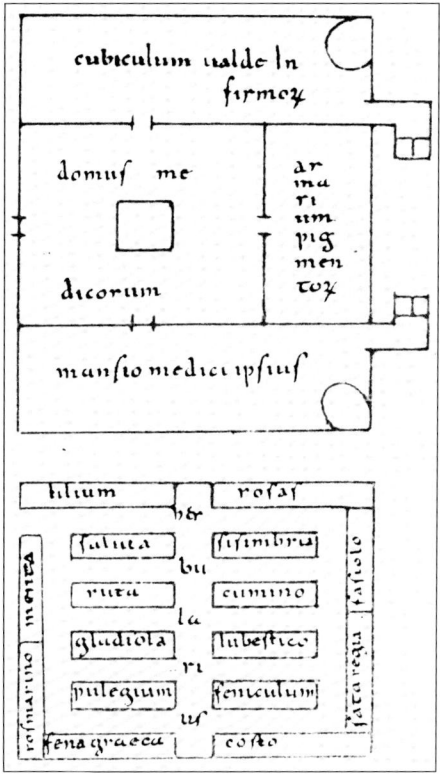

Der Kräutergarten – Herbularius – Detail aus dem St. Galler Klosterplan

Geschichte

die Bewirtschaftung der kaiserlichen Landgüter. Erhalten sind auch zwei Inventare der Hofgüter Asnapium und Treola (vermutl. Nordfrankreich). Diese Handschrift wird als bedeutend für die Geschichte des Pflanzenanbaus des frühen Mittelalters angesehen. Die darin für die Gärten aufgeführten Pflanzen stammen großteils aus südlichen Regionen des Reiches und sind auch in antiken Quellen und im St. Galler Klosterplan aufgeführt. Viele heute bekannten Nutz- und Zierpflanzen werden darin genannt: z. B. Lilie, Rose, Salbei, Raute, Eberraute, Rosmarin, Petersilie, Schnittlauch, Krauseminze, Knoblauch, Gurken, Melonen, Salat, Kohl, Rettich, Zwiebeln, Stangenbohnen, Sellerie. (Hermann Fischer, 1967:133/134).

Hortulus des Walahfried Strabo (808/809–849)

Walahfried Strabo war von 842 bis 849 Abt auf der Insel Reichenau. In seinem Gedicht „De cultura hortorum" beschreibt er 24 Pflanzen, deren Anbau und die Pflege der Klostergartenanlage. Dem Gartenbau, seinen Schwierigkeiten, der Mühe des Gärtners und jeder Pflanze ist eine Strophe gewidmet. Strabo beschreibt anschaulich die fürsorgliche Arbeit des Gärtners und in poetischen Worten die Eigenheiten der Pflanzen, ihren Wuchs, ihren Duft und ihre Heilwirkungen. Antike und religiöse Bilder fließen in seine Darstellungen ein, aber auch eigene Erfahrungen. Nicht nur aus „Büchern der Alten" hat er seine Erfahrungen: „Arbeit und eifrige Neigung vielmehr, die ich vorzog der Muße, Tag für Tag, haben dies mich gelehrt durch eigene Erfahrung."

Das Gedicht vermittelt einen Eindruck vom Gartenbau und vom Pflanzenverständnis des Mittelalters. Duft, Schönheit, symbolische Bedeutung und Wirksamkeit der Pflanzen werden gleichermaßen besungen. Im Vers über die Lilie lobt er ihre Schönheit und ihren Duft:
„Holder Geruch der Blüte gemahnt an die Wälder von Saba./Nicht übertrifft an Weiße der parische Marmor die Lilien,/nicht an Düften die Narde."
Und ihre Heilwirkung:
„Oder bei Quetschungen lege man sie auf die bläuliche Stelle,/Alsbald wird man auch hier zu erkennen vermögen die Kräfte,/die diesem heilenden Stoffe gegeben sind, Wunder bewirkend./Schließlich ist Liliensaft auch gut bei Verrenkung der Glieder."
(Zitiert nach Stoffler 1985:89)
Insgesamt werden 23 Pflanzen besungen: Gartensalbei, Weinraute, Eberraute, Flaschenkürbis, Melone, Wermut, Andorn, Fenchel, Schwertlilie, Liebstöckel, Kerbel, Weiße Lilie, Schlafmohn, Muskatellersalbei, Minze, Polei, Sellerie, Heilziest, Odermennig, Schafgarbe, Katzenkraut, Rettich, Rose.

Avicenna (Ibn Sina, um 980–1037) war ein arabischer Philosoph und Mediziner, der die medizinischen Anschauungen des Mittelalters stark beeinflußte.

Hildegard von Bingen (1098–1179)

Hildegard von Bingen war Äbtissin des von ihr gegründeten Benediktinerinnenklosters auf dem Rupertsberg bei Bingen. Sie begann mit 43 Jahren ihre „Visionen" aufzuzeichnen. In ihren Werken „Causae

Geschichte

et curae" und „Physica" beschreibt sie Pflanzen, deren Nährwert und deren Heilwirkungen. Sie bezieht ihr Wissen nicht nur aus antiken Quellen, sondern läßt eigene Erfahrungen und Überlieferungen aus dem Volk mit einfließen. Sie nennt auch einheimische Namen der Pflanzen. „Sunnewirbel" (Wegwarte), „Unlauch" (Bärlauch), „Kole" (Kohl), „Wiszgras" (Knöterich), „Babela" (Malve), „Biboz" (Beifuß), „Merrich" (Meerrettich), „Grintwurz" (Schöllkraut).

Die Originalschriften sind nicht vorhanden. Die ältesten Handschriften der „Physica" stammen aus dem 13. Jh., sind also Abschriften. Die folgenden Zitate stammen aus: Hildegard von Bingen. Heilkraft der Natur – „Physica". Übersetzt v. Marie-Louise Portmann. Freiburg 1993.

Hildegard von Bingen als Seherin in ekstatischem Zustand

Hildegard von Bingens Vorstellung von Krankheit und Heilung ist eingebettet in den Glauben an die Allmacht Gottes. Nur wenn es Gottes Wille ist, helfen die Heilkräuter. „Und wenn er das oft tut, wird er ohne Zweifel geheilt werden, wenn es nicht sein Tod ist, oder wenn Gott ihn nicht heilen will." (130)

Duft, Inhaltsstoffe und Wachstum der Pflanzen haben gleichermaßen Wirkungserfolge. „Auch der Duft des ersten Aufbrechens, das heißt der Lilienblüte, und auch der Duft ihrer Blumen erfreut das Herz des Menschen und bereitet ihm richtige Gedanken." (59). Hildegard beschreibt den Charakter der Pflanzen, ob sie warm oder kalt, trocken oder feucht sind, gemäß der Humoralpathologielehre, und ihre entsprechende Wirkungsweise. „Die Melisse ist warm, und ein Mensch, der sie ißt, lacht gern, weil ihre Wärme die Milz berührt und daher das Herz erfreut wird." (87)

Bei der Anwendung der Heilkräuter kommt auch der Beschaffenheit und der Farbe der verwendeten Stoffe für Umschläge eine Bedeutung zu. „Ein Mensch, dem die Augen dunkeln, der nehme ein rotes Seidentuch, und indem er Seifenkraut bricht, streiche er es darüber, und gegen Nacht lege er das so bestrichene (Tuch) auf seine Augen und das tue er oft, und es wird die Verdunkelung der Augen vertreiben." (195) Gegen Ohrenklingeln wird die Verwendung eines weißen oder grünen Seidentuches empfohlen.

Magisches Denken fließt in ihre Beschreibungen ein: „Der Farn ist sehr warm und trocken und er hat etwas Saft in sich. Aber er enthält viel Kraft, und zwar solche Kraft, daß der Teufel ihn meidet ... Aber

Geschichte

auch den Menschen, der ihn bei sich trägt, meiden Magie und Zaubereien der Dämonen sowie teuflische Worte und andere Trugbilder." (77). Auch vom Liebeszauber befreien Pflanzen: „Aber auch wer durch magische Worte in Liebe zu einem anderen verstrickt ist, sei es ein Mann oder eine Frau, der habe immer Betonienkraut bei sich, und es wird ihm besser gehen" (146).

Interessant ist ihre Ansicht, daß kultivierte Pflanzen durch die Pflege durch den Menschen für seine Gesundheit förderlicher sind als wildwachsende. Eine im Mittelalter verbreitete Meinung, hinter der das Analogiedenken aufscheint.

„Die Kräuter, die durch Arbeit des Menschen gesät werden und allmählich sich emporkommen und wachsen, verlieren wie Haustiere, die der Mensch mit Sorgfalt aufzieht, durch jene Arbeit, durch die sie vom Menschen angebaut und gesät werden, die Herbheit und Bitterkeit ihrer Säfte, so daß die Feuchtigkeit dieser Säfte die Beschaffenheit des Saftes des Menschen etwas berührt, insofern als sie für seine Speisen und Getränke gut und nützlich sind.

Die Kräuter aber, die durch das Fallen ihres Samens ohne die Arbeit des Menschen wachsen und plötzlich und eilig wie ungezähmte Tiere emporkommen, sind dem Menschen nachteilig zum Essen, weil der Mensch durch Milch trinken, Essen und Wachsen in gemäßigter Zeit aufgezogen wird, was bei den vorgenannten Kräutern nicht geschieht." (40).

Albertus Magnus (1193–1280) ein Theologe, Naturforscher und Philosoph. Er gehörte zum Orden der Dominikaner und lehrte als Professor in Köln. Er beherrschte das akademische Wissen seiner Zeit, studierte die antiken Quellen und betrieb Forschungen und Versuche in seinem eigenen Klostergarten. In einem seiner naturkundlichen Werke schreibt er im Kapitel „De vegetabilibus et plantis libri VII" über Botanik, Gartenbau und Arzneipflanzen. Er beschreibt, wie Pflanzen aus dem Zustand der Wildheit in den Zustand der Kultur versetzt werden können durch Nahrung, Bodenbearbeitung, Aussaat, Pfropfen (Hermann Fischer 1967:159). Er empfiehlt für die Aussaat, sich nach dem Mond zu richten: „Bei zunehmendem Mond also, da dieser selbst gemäßigt warm und feucht ist, soll ausgesät werden." (s. o. : 164).

In seiner Anleitung zum Anlegen eines „Lustgartens" zur Erholung der Menschen finden sich folgende Sätze: „Hinter dem Rasen aber herrsche eine Vielzahl von Medizinal- und Küchenkräutern, welche nicht allein durch ihren Geruch ergötzen, sondern auch durch die Mannigfaltigkeit der Blüten das Auge erfreuen und durch ihre Vielgestaltigkeit den Blick des Beschauers auf sich lenken" (Zitiert nach Hermann Fischer 1967:172).

Renaissance/ Neuzeit

Paracelsus (1493–1541), Theophrastus Bombastus von Hohenheim, wurde in Einsiedeln/Schwyz geboren und besuchte die Universität in Basel. Er reiste durch ganz Europa und wurde 1526 Stadtarzt und Universitätsprofessor in Basel. Paracelsus

Geschichte

schien den eigenen Erfahrungen und selbst dem Wissen der „Kräuterweiblein" mehr zu vertrauen als den überlieferten Lehren: „Ich halte mich nicht an die Vorschriften der Alten, sondern nur an dasjenige, was ich selbst auf eigene Faust gefunden und durch lange Erfahrung als bestätigt gesehen habe." (Zitiert nach Baser 1967:180). Paracelsus wirkte bahnbrechend für die naturwissenschaftliche Medizin. Er führte „chemisch" hergestellte Arzneimittel in die Medizin ein und behandelte auch mit Heilkräutern.

Er führte die Signaturenlehre ein, die besagt, daß jedes Heilkraut von Gott so gezeichnet sei, daß man seine Heilwirkung an seiner Gestalt, Farbe und Geruch erkenne. So wurde dem Volk erklärt, wie man Heilpflanzen und ihre Wirkung erkennen könnte.

„Durch die Kunst Chiromantiam, Physionomiam und Magiam ist möglich, gleich von Stund an dem äußerlichen Ansehen nach, eins jeden Krauts und Wurzel Eigenschaft und Tugend zu erkennen, an seinen Signatis, an seiner Gestalt, Form und Farben, und bedarf sonst keiner Probierung, oder langen Erfahrenheit: Denn Gott hat im Anfang alle Ding fleißig unterschieden, und keinem wie dem anderen ein Gestalt und Form gegeben, sondern einem jeden ein Schellen angehängt, wie man sagt, man erkennt den Narren bei den Schellen." (Zitiert nach Baser 1967:180).

Die Farbe kann ein Hinweis sein: Gelbe Blütenfarbe verweist auf den gelben Saft der Galle, auf die Leber: gelbblühendes Johanniskraut, Schöllkraut mit gelben Blüten und orangegelbem Milchsaft in den Stengeln, gelbe Katzenpfötchen helfen bei Gelbsucht und Leber- und Gallenproblemen. Der rote Saft zerquetschter Johannisblüten, der rötliche Wurzelstock der Blutwurz, das rot blühende Tausendgüldenkraut weisen die Pflanzen als blutstillende Mittel aus und helfen bei Blutkrankheiten. Auch die Blattform kann Hinweis sein: Die Blattform des Leberblümchens erinnert an die Leber. Die herzförmigen Blätter der Melisse zeigen an, daß die Pflanze auf das Herz einen guten Einfluß ausübt, froh macht. Der Pflanzenwuchs kann als Zeichen gedeutet werden: der Steinbrech wächst aus dem kahlem Stein heraus. Er soll somit auch die Kraft haben, Niere- und Blasensteine zu lösen, zu brechen.

Paracelsus war in seiner Zeit nicht anerkannt und starb verarmt in Salzburg.

Die ersten gedruckten Kräuterbücher

Mit der Erfindung der Buchdruckkunst um 1445 entstanden die ersten gedruckten Kräuterbücher, die das handschriftlich überlieferte Kräuterwissen der Vergangenheit festhielten und weiterführten. Als die „Väter der Kräuterbücher" gelten Otho Brunfels, Leonhart Fuchs und Hieronymus Bock. Sie beschrieben die Kräuter und deren Verwendung in der Heilkunde. Man spricht deshalb von „Medikobotanik", da Heilkunde und Botanik noch nicht getrennt betrachtet wurden.

Botanik und Medizin bildeten eine Einheit, die erst im 17. und 18. Jh. gelöst wurde, als sich die Botanik zur eigenen Wissenschaft entwickelte.

Den Anstoß für die zahlreichen Kräuterbücher des 15.–17. Jahrhunderts gab der Mainzer Peter Schöfer 1484 mit der Herausgabe des „Herbarius" in lateinischer

Geschichte

Sprache. Ein Jahr später erschien der „Gart der Gesundheit" in deutscher Sprache „... uff daz es aller welt gelerten und leyen zu nütze komen moge, habe ich eß in teutsch laißen machen." Die ersten Kräuterbücher waren Zusammenfassungen überlieferten Kräuterwissens der Antike. Die Pflanzenabbildungen der ersten Werke waren gotisch steif in der noch ungewohnten Technik des Holzschnitts gestaltet. Es handelte sich nicht um Darstellungen der natürlichen Pflanzen, sondern um deren Idealgestalt nach den alten Vorlagen. Die Pflanzendarstellungen vor 1400 hatten einen magisch-religiösen Hintergrund. Es waren Drogenzeichen, die nur dem Berufenen ihre Bedeutung enthüllten. Sogenannte Habitusbilder zeigten die Pflanze mit den Wurzeln.

Die Kräuterbücher geben einen tiefen Einblick in das Alltagsleben der Zeit und sind anschauliche und einmalige Quellen. Die Vielfalt der Aussagen der Kräuterbücher soll jeweils an einigen Zitaten verdeutlicht werden. Neben medizinischen Aussagen stehen magische Anwendungen, kosmetische Ratschläge, Ernährungshinweise, hygienische Verwendungen und praktische Ratschläge zur Alltagsbewältigung. Die Pflanzen, ihr Aussehen und Sammelzeiten werden beschrieben. Die Pflanzenabbildungen sind zum großen Teil nach der Natur gezeichnet. Im Volksglauben und der Volksheilkunde hat sich lange erhalten, was bereits in diesen Kräuterbüchern beschrieben wurde.

Otho Brunfels

wurde 1489 in Mainz geboren und starb 1534 in Bern. Er erlangte 1532 die Würde eines Doktors der Medizin. Sein „Contrfayt Kreüterbuch" erschien 1532 in Straßburg. Die Zeichnungen stammen von dem Dürerschüler Hans Weiditz, der sich bereits um eine naturgetreue Wiedergabe bemühte. Dies brachte ihm Kritik von Leonhart Fuchs ein, der an dem idealen Pflanzenbild festhielt.

Brunfels wendet sich in seinen Pflanzendarstellungen gegen überlieferten Aberglauben. So nennt er den Zauberglauben um den Beifuß ein „affenspiel": „Dis Ehrwürdig kraut Beifus oder Buché/St. Johanns Kraut und Gürtel/ist auch inn die superstition und zauberei kommen..."

Geschichte

Hieronymus Bock wurde 1498 in Heidesheim/Odenwald geboren und starb 1554 in Hornbach/Rheinpfalz. Er war Theologe und später Leiter eines botanischen Gartens. Er galt als begeisterter Naturfreund, der in einer witzigen, oft derben Sprache die Pflanzen in seinem Werk beschrieb. Sein „New Kreütterbuch" wurde erstmals 1534 ohne Abbildungen und 1546 mit Zeichnungen von David Kandel gedruckt.

„Alantwurtzel zerstossen und mit Wein gedruncken/heylet der gifftigen Natter biß."

„Ehrenpreiß wasser des morgens nüchtern gedruncken/und Schwemlein darinn genetzt/inn einem Bisemapffel getragen/offt daran gerochen/ist ein preservatiff wid' die Pestilenz."

Über den Wißkymmel: „Ettliche backen kymmel ins brot/andere machen suppen darmit/etliche rüren den Kymmel in die Milch zu den zygern und kesen."

„Satureien (Bohnenkraut) und Quendel kreutter seind der arme leut wurtz/zu aller speiß bei fleisch und fischen gekocht/bringen lust zu essen/dienen dem Magen/reitzen zu Ehelichen wercken." Dieselbe Aussage macht auch Fuchs.

„An den wurtzelen des gemeinen Hufflattichs wachset ein wisse wollen/so man derselbige von den wurzeln abklaubet und seubert/inn Leinen duechlein verwicklet/und inn Laugen/darinnen zuovor ein wenig Salnitr zerlassen seie/lasset wallen/und endtlich an der Sonnen dörret/ist es der allerbeste Zundel in den Fewrzeug/fangt das fewr bald." Die Pflanze wird deshalb auch „Brantlattich" genannt.

Über die „Walwurtz": „Man pflegt auch im Sommer gegen dem abendt die bletter umb die Bettladen zu legen/eins nach dem andern/wann die wantzen zuo nacht darauff kriechen/bleiben sie in den rauhen haarigen blettern behangen/frue wirfft man sie hienweg."

Über „Tausent gulden": „Die Weiber siedens inn der laugen/dann es macht schön Haar."

„Liebstöckel ist ein wolriechend Badkraut/ihrer wurtzel tugent ist trefflich nutz für allerhand vergifft."

Leonhart Fuchs wurde 1501 in Wending/Schwaben geboren und starb 1566. Er war Professor an der Universität Ingolstadt und anschließend Leibarzt des

D. Leonhart Fuchsens alters im XLII. Jar.

Geschichte

Marktgrafen Georg von Brandenburg in Husbach. Im Jahre 1535 übernahm er den Lehrstuhl für Medizin an der Universität Tübingen.
Sein „New Kreüterbuch" wurde 1543 in Basel von Michael Isengrin gedruckt. Die Zeichnungen stammten von Albert Meyer, die Holzschnitte arbeitete Heinrich Füllmaurer. Die Holzschnitte waren koloriert. Fuchs orientierte sich an Texten der Antike.
In seinen Pflanzenbeschreibungen geht er auch auf den überlieferten Aberglauben ein: „Diese Kreuter haben die alten aberglaubischen Teuschen Gauchheyl darumb geheyssen, wo mans im eingang des vorhofs aufhencke, das sie allerlei gauch und gespenst vertreibe."
„Ettlich hencken Wegrich wurtzel an den hals/vermeynenen die Kroepff damit zuo vertreiben."
„Weisser oder Hoher Steinbrech hat seinen namen von der Krafft unnd tugendt so er taeglich erzeygt in brechung des steins beyde der nieren und blasen."
„Pappelkraut und menschen harn vermengt/und damit gezwagen/heylet den fliessenden erbgrind/und die schuepen auff dem haupt."
Über „Wolgemuot oder Dost": „Gedoert mit salpeter unnd hoenig vermischt und angestrichen/macht er weiß zaen."
Über „Hawheckel": „. . . die alten haben diß gewechs in seiner jugent ehe das es seine scharpffe doern bracht hat in saltz gebeizt/und zuor speiß über jar behalten."
Über „Angelich": „Dis Kraut bey sich getragen/sol guot für allerley zauberey sein."
Über „Johans Kraut": „Vil Menschen tragen dise Kreutter bey sich/fuer boese gespenst und ungewitter/und ist (der Natur nach zuo reden) nicht gar erlogen."

Heilkräuter in der Homöopathie – Samuel Hahnemann (1755–1843)

Eine Hochblüte erlebte die Kräuterbehandlung nochmals im 18. und 19. Jahrhundert, als Ärzte und Laien die Naturheilkunde zu neuem Leben erweckten.
Samuel Hahnemann wurde 1755 in Meißen geboren und starb 1843 in Paris. Der promovierte Mediziner entwickelte die Heilmethode der Homöopathie, die er in seinem 1842 erschienenen Hauptwerk „Organon der Heilkunst" darlegt. Ähnliches möge Ähnliches heilen „Similia similibus curentur", ist der Grundgedanke dieser Heilmethode. Er verabreichte gesunden Menschen pflanzliche (auch tierische und mineralische) Heilmittel in konzentrierter Form und beobachtete und notierte die Symptome, gewissermaßen die „künstlichen Krankheiten", die durch die verschiedenen Arzneimittel hervorgerufen wurden.
Bei der Behandlung von Patienten erkannte er, daß seine Arzneimittel Krankheiten um so eher heilten, je mehr sich die Symptome von natürlichen und „künstlichen"

Geschichte

Krankheiten glichen. Dahinter steht die Vorstellung, daß das verabreichte Arzneimittel auf sanfte Art die selbstheilenden Kräfte des Körpers anregt.

Der Behandlung und Bestimmung der Arzneimittel muß eine gründliche Diagnose vorausgehen, die sowohl körperliche als auch seelische Unstimmigkeiten des Patienten mit einbezieht. Die Arzneimittel müssen genau den Beschwerden und der Verfassung des Patienten entsprechen.

Die Herstellung homöopathischer Heilmittel erfolgt über das Potenzieren der Ursubstanz und ist durch genaue Vorschriften im Arzneimittelbuch festgelegt. Im Regelfall wird dabei ein Teil der Ursubstanz (z. B. Pflanzentinktur) mit 9 Teilen der alkoholischen Lösung verdünnt und geschüttelt. So entsteht die D1. Um die nächste Potenz D2 zu erreichen, schüttelt man ein Teil D1 mit 9 Teilen alkoholischer Lösung. Analog können feste Ausgangssubstanzen wie z. B. Mineralien mit Milchzucker im Verhältnis 1:9 verrieben werden. Je verdünnter die Ursubstanz ist, je höher also die Potenzierung, als desto wirksamer gilt das Arzneimittel zur Behandlung chronischer Krankheiten. In hoher Potenzierung enthält das Arzneimittel nahezu keine nachweisbaren Bestandteile der Ursubstanz mehr, sondern nur noch deren „Energie". Die Heilwirkung homöopathischer Mittel ist daher umstritten.

Die Kräuterpfarrer

Die Verbindung von Kirche und Medizin trifft noch einmal bei den Kräuterpfarrern des 19. Jahrhunderts zusammen.

Sebastian Kneipp (1821–1897)

Der katholische Pfarrer Sebastian Kneipp ist vor allem durch seine Wasseranwendungen bekannt geworden: Wassertreten, Wasserlaufen, Güsse, Bäder, Dämpfe und Wickel empfiehlt er zur Heilung und Vorbeugung bei Krankheiten.

Aber auch der Behandlung mit Heilkräutern widmete sich Sebastian Kneipp. Er beobachtete die Wirkungen von Kräutersäften und Kräutertees, mit denen er Patienten behandelte. In seinem Werk „Meine Wasserkur" beschreibt er über 40 Kräuter und ihre Heilwirkung.

Johann Künzle (1857–1945)

Johann Künzle wurde in Hinterespen, Schweiz, geboren. Er wurde 1880 in St. Gallen zum Priester geweiht. Durch Zufall soll er ein Kräuterbuch des Jakob Theodor Tabernaemontani, gedruckt 1687, ersteigert haben und so den Einstieg in die Kräutermedizin gefunden haben. Auch Hildegard von Bingen gehörte zu seiner Lektüre. Damit steht er in der Tradition des von der Antike ausgehenden Kräuterwissens und der kräuterkundigen Geistlichen. Von Pfarrer Künzle wird erzählt, er habe von einfachen Bauernfamilien Hausmittel übernommen. Auch durch Beobachtung der Tiere habe er die Wirkungen von Heilkräutern erkannt: Schafe fressen Schafgarbe, wenn sie an inneren Verletzungen leiden, Kühe, die an Gliedersucht leiden, legen sich gern in Hahnenfuß und verwundete Gemsen fressen Alpenwegerich. Sein Kräuterbuch „Chrut un Uchrut" erschien 1911.

Geschichte

Nach Schwierigkeiten mit seinen geistlichen Vorgesetzten und Ärzten zog er sich 1912 nach Zizers zurück und widmete sich der Kräuterheilkunde. Der Kräuterpfarrer kannte die einheimischen Kräuter und ihre Anwendung aus eigener Erfahrung. Im Gegensatz zu seinen historischen Vorbildern hielt er die Pflanzenkräfte selbst für heilsam genug und distanzierte sich von den oft phantastischen Zeremonien bei der Anwendung. So entstand eine Kräuterheilkunde, die auf eigenen Erfahrungen und kritisch geprüften Überlieferungen aufbaute.

Wie die Volksmedizin, befürwortet er die Verwendung der gesamten Pflanze und nicht der einzelnen isolierten Wirkstoffe. Er ist der Überzeugung, daß „die Pflanze in ihrer Art und Form, so wie sie sich uns im wilden Zustand präsentiert, als ein unteilbar ganzes, vollkommenes Wesen zu gelten habe und daß Teile davon niemals die Wirkung der Gesamtpflanze haben können" (Künzle 1945:204).

Die Pflanze wird als sinnvoll geschaffenes Ganzes angesehen, die in der natürlichen Zusammensetzung ihrer Wirkstoffe am besten heilen kann. Durch das Isolieren bestimmter Inhaltsstoffe geht die von der gesamten Pflanze ausgehende Heilwirkung verloren. Dahinter steht der Glaube an Gott, der die Pflanzen in ihrer Vollkommenheit auch zum Wohl der Menschen erschaffen habe.

„Die Kräuter sind die ersten, einfachsten und wohlfeilsten Heilmittel gegen viele Krankheiten und der menschlichen Natur vom Schöpfer angepasst"(Künzle 1945:9).

Geschichte

Kräutergeschichte und ihre heutige Bedeutung

Es ist begeisternd, wie lange schon Menschen die immergleichen Heilpflanzen verwenden. Die Versuchung ist groß, darin einen Beweis für die Richtigkeit antiker und mittelalterlicher Denkweisen und Weltbilder zu sehen. Die traditionellen Kräuterautoritäten erleben immer wieder ihre Renaissance, eine Tatsache, die teilweise ihre Berechtigung hat und teilweise zu phantastischen aber auch gefährlichen Mißverständnissen führen kann. Nicht alle Ratschläge aus alter Kräuterliteratur sind bedenkenlos zu übernehmen. Immer ist im Hintergrund zu bedenken, wie gering die Möglichkeiten historischer Autoren waren, ihre Heilmethoden zu überprüfen und wie sie eingebunden waren in ein magisches Weltbild voller Zauber, Aberglauben und Forschungsfeindlichkeit.

Schon die Kräuterbuchautoren des 15. und 16. Jahrhunderts rechneten mit dem Aberglauben ihrer Vorgänger ab und begannen ihren eigenen Beobachtungen mehr zu trauen. Die Entwicklung der Chemie veränderte im 19. Jahrhundert wesentlich den Anspruch an die Pflanzenheilkunde. Durch verfeinerte Untersuchungsmethoden und Apparaturen wurde es möglich, die pflanzlichen Wirkstoffe, ihre chemische Struktur und ihre Wirkweise im menschlichen Organismus zu erforschen. Aus der auf Erfahrungen beruhenden Pflanzenheilkunde wurde im Laufe des 19. und 20. Jahrhunderts eine wissenschaftlich überprüfbare Heilkunde, die Phytotherapie.

Strittig bleiben beispielsweise Fragen, ob nun der Extrakt einer Pflanze die ideale Zusammensetzung aufweist und die optimale Heilwirkung erzielt oder ob der isolierte einzelne Wirkstoff dieselbe Funktion erfüllt. Hat die Natur die gesamte Pflanze als fertiges Arzneimittel geschaffen oder ist nur der als Wirkstoff erkannte Stoff wirksam?

Die wissenschaftliche Medizin stand der Kräuterheilkunde lange abweisend gegenüber. Die Macht der pharmazeutischen Industrie fördert das Mißtrauen der Menschen in ihre Aussagen über die Wirksamkeit von Heilkräutern. Altbekannte Heilpflanzen wurden inzwischen wissenschaftlich rehabilitiert und sind anerkannt. Die Forschung auf dem Gebiet der Pflanzenheilkunde macht stetige Fortschritte. Vielleicht ist es auch die Undurchschaubarkeit heutiger Forschungsmethoden, die den Laien in die „altbewährte" Kräutermystik der Vergangenheit fliehen läßt, da er nach wie vor glauben muß, was Autoritäten ihm mitteilen, es aber nicht selbst überprüfen kann.

Am Beispiel der Handhabung der Heilkräuter ist erkennbar, wie in unserem Alltag immer noch ein wenig die mystisch-magische Welt der Vergangenheit das Handeln mit beeinflußt. Um Zweifel abzubauen und Vertrauen in die Gegenwart aufzubauen, ist es immer am besten, den eigenen Verstand zu nutzen, die Dinge anzuschauen und kennenzulernen. Der Kräutergarten des Schwarzwälder Freilichtmuseums bietet hierzu Gelegenheit.

Geschichte

Literaturverzeichnis

Friedrich Baser. Die Wanderungen des Paracelsus am kräuterkundigen Oberrhein. In: Welt am Oberrhein 1967.

Hildegard von Bingen. Heilkraft der Natur – „Physika". Übersetzt v. Marie-Louise-Portmann. Freiburg 1993.

Andrea-Anna Cavelius/Birgit Frohn. Das große Buch der Volksheilkunde. München 1997.

Hermann Fischer. Mittelalterliche Pflanzenkunde. Hildesheim 1967.

Günther Franz. Geschichte des deutschen Gartenbaus. Stuttgart 1984.

Inge Jockers. Klostergärten in mittelalterlichen Schriften. In: Kreutter-Kunst. Hrsg. Museumspädagogische Initiative. Freiburg 1986.

Johann Künzle. Das Grosse Kräuterheilbuch. Nachdruck der Ausgabe 1945. Olten 1982.

Dietrich Lauenstein. Der deutsche Garten des Mittelalters bis um das Jahr 1400. Dissertation Göttingen 1900.

Heinrich Marzell. Die heimische Pflanzenwelt im Volksbrauch und Volksglauben. Leipzig 1922.

Elard Hugo Meyer. Badisches Volksleben im 19. Jahrhundert. Reprint der Ausgabe 1900. Stuttgart 1984.

K. Ritter von Perger. Deutsche Pflanzensagen. Stuttgart und Oehringen 1864.

Heinrich Schipperges. Arabische Medizin im lateinischen Mittelalter. Heidelberg und New York 1976.

Heinrich Schipperges. Die Benediktiner in der Medizin des frühen Mittelalters. Leipzig 1984.

Julius Schlosser. Die abendländische Klosteranlage des frühen Mittelalters. Wien 1889.

Eduard Seidler. Die Antoniter, der Isenheimer Altar und die Volkskrankheiten des Mittelalters. In: Epilepsie 84 (1985).

Hans Dieter Stoffler. Der Hortulus des Walahfried Strabo. Sigmaringen 1978.

Dieter Vogellehner. Blumen als Symbol- und Heilpflanzen: Ausdruck einer harmonischen Welt. In: Kreutter-Kunst. Freiburg 1986.

Heilkräutergarten

Der Heilkräutergarten im Schwarzwälder Freilichtmuseum

Das Ordnungsprinzip des Gartens

Der Kräutergarten im Schwarzwälder Freilichtmuseum enthält heute rund 130 verschiedene Pflanzenarten. Er ist in acht Beete unterteilt, in denen jeweils zwischen 15 und 50 verschiedene Heilpflanzen angebaut sind. Grundlage der Einteilung des Gartens ist die Zuordnung der Heilpflanzen zu verschiedenen medizinischen Anwendungsgebieten. Jedes Beet entspricht einem solchen Anwendungsgebiet. In Beet 1, das mit dem Begriff „Verdauung" überschrieben ist, findet man beispielsweise die unterschiedlichsten Pflanzen, die einen günstigen Einfluß auf Verdauungsprobleme im weitesten Sinne haben; Beet 2 „Entwässerung" zeigt eine Sammlung verschiedener Heilpflanzen, die Probleme der Nieren und Blase günstig beeinflussen, usw.

Viele Heilpflanzen haben mehrere Wirkungen und sind deshalb in verschiedenen Beeten angebaut.

Die Zuordnung der Heilpflanzen zu den einzelnen Anwendungsgebieten erfolgte nicht nur nach wissenschaftlichen Erkenntnissen, sondern ist in vielen Fällen geschichtlich begründet und berücksichtigt auch Erfahrungen aus der Volksmedizin.

Die einzelnen Beete sind folgenden Bereichen zugeordnet:

Beet 1: Verdauung
Magen-Darm-Trakt, Leber und Galle

Beet 2: Entwässerung
Nieren und Blase

Beet 3: Kreislauf
Herz und Kreislauf

Beet 4: Nerven
Psyche, Gehirn, Nerven

Beet 5: Erkältung
Husten und Erkältung

Beet 6: Verletzung
Wunden, Verstauchungen, Zerrungen usw.

Beet 7: Rheuma
Rheuma, Gicht und andere Stoffwechselbeschwerden

Beet 8: Haut
Haut und Haare

Der Garten im Wandel der Jahreszeiten

Pflanzen stehen ihr Leben lang am selben Ort. Sie sind jahrein, jahraus den Launen des Wetters ausgesetzt, ohne – wie wir Menschen – in einer schützenden Behausung Zuflucht suchen zu können. Sie haben andere Möglichkeiten, mit den Unwirtlichkeiten ihres Lebens fertig zu werden. Da der Winter in unseren Breiten kalt und dunkel ist, ziehen es die meisten Pflanzen vor, in dieser Zeit zu ruhen. Laubbäume und Sträucher werfen ihre Blätter ab, viele Kräuter lassen ihre oberirdischen Teile absterben und überwintern nur mit ihren unterirdischen, während die sogenannten einjährigen Pflanzen jedes

Heilkräutergarten

Übersichtsplan der Beete des Kräutergartens

(Fettgedruckte Pflanzen sind beschrieben).

Erkältung 5	Nerven 4	Kreislauf 3

Haut 8	Rheuma 7	Verletzung 6	Entwässerung 2	Verdauung 1

1. Verdauung
Bärlauch
Basilikum
Beifuß
Benediktenkraut
Betonie
Bibernelle
Blut-Weiderich
Blutwurz
Brunnenkresse
Dill
Eberraute
Ehrenpreis
Engelwurz
Erdbeere
Fenchel
Frauenmantel
Gänsefingerkraut
Gnadenkraut
Goldlack
Gundelrebe
Heidelbeere
Kalmus
Kamille
Katzenpfötchen
Kerbel
Klette
Knoblauch
Kümmel
Leberblümchen
Lein
Löffelkraut
Majoran
Mariendistel
Meisterwurz
Nelkenwurz
Odermennig
Pestwurz
Pfefferminze
Rettich
Schafgarbe
Schnittlauch
Schöllkraut
Tausendgülden
Thymian
Tüpfelfarn
Wegwarte
Wermut
Ysop
Zwiebel

2. Entwässerung
Alant
Bärentraube
Blutweiderich
Boretsch
Bruchkraut
Brennessel
Brunnenkresse
Dill
Gauchheil
Goldlack
Goldrute
Hauhechel
Heidekraut
Labkraut
Liebstöckel
Löwenzahn
Mannstreu
Meerrettich
Petersilie
Quecke
Rosmarin
Sauerampfer
Schachtelhalm
Sellerie
Silberdistel
Weidenröschen
Vogel-Knöterich

3. Kreislauf:
Adonisröschen
Arnika
Baldrian
Besenginster
Boretsch
Christrose
Fingerhut
Herzgespann
Hirtentäschel
Immergrün
Knoblauch
Maiglöckchen
Rosmarin
Tausendgülden
Weißdorn

4. Nerven:
Baldrian
Beifuß
Gauchheil
Hafer
Hopfen
Johanniskraut
Küchenschelle
Lavendel
Majoran
Melisse
Mohn
Pfingstrose
Raute
Rosmarin
Salbei
Thymian
Waldmeister

5. Erkältung:
Alant
Andorn
Bibernelle
Dost
Ehrenpreis
Eibisch
Mannstreu
Gänseblümchen
Gundelrebe
Hohlzahn
Huflattich
Kamille
Kapuzinerkresse
Kartoffel
Knoblauch
Königskerze
Lungenkraut
Malve
Salbei
Schlüsselblume
Schwertlilie
Seifenkraut
Roter Sonnenhut
Spitzwegerich
Stiefmütterchen
Stockrose
Taubnessel
Thymian
Tüpfelfarn
Veilchen
Wermut
Zwiebel

6. Verletzungen
Alant
Arnika
Augentrost
Beinwell
Blut-Weiderich
Blutwurz
Eisenkraut
Frauenmantel
Guter Heinrich
Hauswurz
Hirtentäschel
Johanniskraut
Kamille
Kapuzinerkresse
Kerbel
Möhre
Ringelblume
Sanikel
Schafgarbe
Roter Sonnenhut
Spitzwegerich
Steinklee
Storchschnabel
Taubnessel
Thymian
Vogel-Knöterich
Wiesenknopf

7. Rheuma
Beinwell
Brennessel
Efeu
Ehrenpreis
Engelwurz
Färber-Ginster
Giersch
Hauhechel
Herbstzeitlose
Kalmus
Klette
Küchenschelle
Liebstöckel
Löffelkraut
Löwenzahn
Mädesüß
Pfingstrose
Raute
Senf
Thymian
Zaunrübe

8. Haut
Ehrenpreis
Frauenmantel
Gänseblümchen
Gauchheil
Goldrute
Hafer
Hohlzahn
Huflattich
Immergrün
Kalmus
Klette
Lein
Löffelkraut
Quecke
Sanikel
Sauerampfer
Schachtelhalm
Schöllkraut
Seifenkraut
Senf
Stiefmütterchen
Taubnessel
Veilchen

Heilkräutergarten

Frühjahr aus den Samen vergangener Generationen neu entstehen. So hat jede Pflanzenart ihre spezielle Strategie gegen Schnee, Kälte und Trockenheit. Im Frühling, mit zunehmender Tageslänge, erwacht das Pflanzenreich, und auch unser Garten ergrünt wieder. Wie es bei den Menschen Frühaufsteher gibt und solche, die lieber ein wenig länger im warmen Bett bleiben, gibt es auch im Pflanzenreich Arten, die sehr zeitig im Frühjahr erscheinen und andere, die länger auf sich warten lassen. Entsprechend wandelt sich der Anblick des Gartens im Laufe des Frühlings.

Wenn im April das Museum seine Tore öffnet, steht im Garten der Huflattich schon in voller Blüte und setzt mit seinem leuchtenden Gelb markante Farbtupfer in die noch immer graue Landschaft. Die Schlüsselblume tritt bald verstärkend hinzu. Wie der Bärlauch oder die Küchenschelle, so blühen viele Frühjahrsblüher nur eine kurze Zeit. Im Mai strahlen die gelben Blüten des Besenginsters. Diese Pflanze war früher auf den Viehweiden im Mittleren Schwarzwald sehr häufig und tauchte die Mai-Landschaft in leuchtendes Gelb.

Seine volle Pracht und größte Vielfalt entfaltet der Garten im Sommer. Stauden wie Stockrose, Alant oder Königskerze setzen im Garten durch ihre Größe und leuchtenden Blüten Akzente, Hopfen rankt meterhoch in den Himmel und Johanniskraut oder Seifenkraut tragen ebenfalls mit zur Farbenpracht bei. Aber auch kleine, unscheinbare Pflänzchen wie Ackergauchheil oder das Kahle Bruchkraut können jetzt entdeckt werden.

Wenn schließlich die Herbstzeitlose ihre Blüten treibt, dann werden die Tage schnell kürzer, die ersten Herbststürme ziehen über das Land und die meisten Pflanzen bereiten sich schon wieder auf den kommenden Winter vor.

In dem Maße, wie sich das Gesicht des Gartens im Laufe eines Jahres ändert, wechselt das jeweilige Angebot an Heilpflanzen. Wenn man selber Heilpflanzen sammeln will, muß man berücksichtigen, daß es für jede Pflanzenart einen optimalen Sammelzeitpunkt gibt.

Pflanzen des Gartens

Verbreitung

Pflanzen leben natürlicherweise in einem bestimmten Verbreitungsgebiet, ihrem Areal. Die meisten Pflanzen, die im Garten angebaut sind, kommen in unserem Gebiet auch wild vor. Ihr Areal erstreckt sich in vielen Fällen von Mitteleuropa bis nach Sibirien.

Daneben sind im Garten eine Reihe von Pflanzen zu finden, deren natürliches Verbreitungsgebiet der Mittelmeerraum ist. Zu ihnen zählen so bekannte Heilpflanzen wie Rosmarin, Lavendel oder Melisse. Wahrscheinlich sind sie im frühen Mittelalter von Benediktinermönchen in unseren Raum gebracht worden. Zunächst in Klostergärten kultiviert, haben sie sich mit der Zeit einen festen Platz in den Hausgärten erobert, kommen aber in der freien Natur bei uns auch heute noch nicht wild vor. Nur im Garten finden sie Bedingungen, die den Mangel an Licht und Wärme durch besondere Pflege ausgleicht.

Heilkräutergarten

Im Zuge der großen Entdeckungsfahrten wurden seit Kolumbus viele Pflanzen aus anderen Erdteilen zu uns gebracht. Vertreter dieser „Exoten" sind ebenfalls im Garten zu finden. Zu ihnen gehören z. B. Kapuzinerkresse aus Peru, der Rote Sonnenhut aus Nordamerika oder die Nachtkerze – ebenfalls aus Nordamerika.

Standort

Innerhalb ihres Verbreitungsgebietes ist das Vorkommen einer bestimmten Pflanzenart nicht zufällig verteilt, sondern auf bestimmte Standorte beschränkt. So kommen manche Pflanzen z. B. nur in Wäldern vor, andere wiederum nur auf Wiesen oder Weiden. Manche findet man an Wegen, andere nur in Mooren, wieder andere ausschließlich an Felsen.

Im Garten sind nun Pflanzen der unterschiedlichsten Standorte zusammengewürfelt. Es ist die Aufgabe des Gärtners, den verschiedenen Ansprüchen der Pflanzen bezüglich Wasser, Licht und Boden Genüge zu tragen.

Beschaffung von Heilpflanzen

Heilpflanzen können entweder gekauft, im Garten oder Blumenkasten angebaut oder selbst gesammelt werden. Pflanzen, die bei uns unter Schutz stehen, wie z. B. Arnika, Schlüsselblume oder Tausendgüldenkraut dürfen nicht gesammelt werden! Viele Heilpflanzen aber sind häufig und leicht zu finden.

Beim Sammeln von Heilpflanzen spielt der Zeitpunkt eine wichtige Rolle. In der Regel wird nicht die ganze Pflanze gesammelt, sondern nur bestimmte Pflanzenteile wie z. B. Früchte, Blüten oder Wurzeln. Es ist einleuchtend, daß Blüten meist im Frühling oder Sommer – eben zur Blütezeit – und Früchte im Sommer oder Herbst gesammelt werden können. Wurzeln dagegen gräbt man im zeitigen Frühjahr oder im Spätherbst. Das gesammelte Material kann sofort verwendet oder zur Aufbewahrung getrocknet werden.

Exakte Pflanzenbestimmung

Bevor man Pflanzen zu Heilzwecken selber sammelt, ist es notwendig, sie eindeutig zu erkennen! Einerseits wird dadurch eine Verwechslung mit ähnlichen aber giftigen Pflanzen vermieden, andererseits ist nur von richtig bestimmten Heilpflanzen die gewünschte Wirkung zu erwarten.

Exakte Pflanzenbestimmung erfordert etwas Übung. Hier ist nicht der Raum, um auf Techniken der Pflanzenbestimmung näher einzugehen. Vielmehr soll bewußt gemacht werden, daß es – neben vielen leicht zu erkennenden Pflanzen – einige Pflanzenarten gibt, die sehr ähnlich aussehen, sich aber in ihrer Wirkung auf den menschlichen Organismus erheblich unterscheiden.

Besonders in der Familie der Doldenblütler (Apiaceae) kann es leicht zu gefährlichen Verwechslungen kommen! So lassen sich auf den ersten Blick Kümmel oder Kerbel kaum von sehr giftigen Schirling-Arten unterscheiden. Nur genaue Kenntnis kann dieser Gefahr vorbeugen.

Inhaltsstoffe von Pflanzen

Die Grundausstattung

Lebewesen sind aus mikroskopisch kleinen Zellen zusammengesetzt. So wie Tau-

Heilkräutergarten

sende von Backsteinen eine Mauer und schließlich ein Haus bilden, stellen die Zellen Grundbausteine für Organe und schließlich für den ganzen Organismus dar. Die Blätter eines Baumes sind ebenso aus einzelnen Zellen zusammengesetzt, wie die Haut des Menschen oder seine Leber.

Zellen wiederum sind aus noch kleineren Bausteinen aufgebaut – den Bausteinen des Lebens. Bestimmte Moleküle, wie z. B. die Erbsubstanz DNA, Eiweiße oder Kohlenhydrate sind für das Funktionieren jeder Zelle unerläßlich und in allen Zellen enthalten.

Darüber hinaus gibt es in Pflanzenzellen viele Stoffe, die es in tierischen (menschlichen) Zellen nicht gibt. So können Pflanzenzellen beispielsweise grün werden, Tierzellen dagegen nicht. Die grüne Farbe der Blätter wird verursacht durch Moleküle namens Chlorophyll, die der Pflanze ermöglichen, Energie aus dem Sonnenlicht aufzufangen. Kartoffeln beispielsweise speichern diese Energie in ihren Knollen in Form von Stärke. Chlorophyll oder Stärke gehören zur Grundausstattung vieler Pflanzenzellen.

Nützliche Pflanzenstoffe

Die meisten Pflanzenarten sind in der Lage, neben den Stoffen, die zu ihrer Grundausstattung notwendig sind, viele weitere Stoffe zu bilden. Kommen bestimmte Stoffe in ausreichender Menge in bestimmten Pflanzen vor, ist es möglich, sie wirtschaftlich zu nutzen.

Beispielsweise werden Cellulose-Fasern des Holzes zur Papierherstellung, solche aus Baumwollhaaren zur Herstellung von Textilien genutzt; verschiedenste Farben können auf der Basis pflanzlicher Stoffe hergestellt werden; der Milchsaft des Kautschukbaumes kann zu Gummi verarbeitet werden und verschiedenste pflanzliche Öle finden in der Technik Anwendung. Nicht zuletzt stammen etliche Substanzen, die in Medikamenten eingesetzt werden, von Pflanzen.

Medizinisch wirksame Pflanzenstoffe

Die Suche nach neuen Medikamenten auf pflanzlicher Basis spielt heute eine wichtige Rolle in der Pharmaindustrie. Besonders im sehr artenreichen tropischen Regenwald werden große Anstrengungen unternommen, neue Heilpflanzen zu entdecken und deren wirksame Substanzen zu isolieren. Auch die wissenschaftliche Untersuchung unserer altüberlieferten Heilpflanzen liefert interessante Aufschlüsse über ihre Inhaltsstoffe.

In diesem Büchlein werden pflanzliche Inhaltsstoffe, die schon in relativ geringen Mengen einen Einfluß auf den Körper und Geist des Menschen haben, als Wirkstoffe bezeichnet. Es gibt eine Vielzahl unterschiedlicher Wirkstoffe im Pflanzenreich.

Wozu enthalten Pflanzen Wirkstoffe?

Der Antwort auf die Frage, wie Heilpflanzen wirken, konnte sich die Wissenschaft durch immer feinere Untersuchungsmethoden annähern. Es wurden Wirkstoffe in Pflanzen gefunden und deren Wirkung auf den menschlichen Körper erforscht. Wozu enthalten aber manche Pflanzen Stoffe, die auf den Menschen eine medizinische Wirkung haben?

Heilkräutergarten

Jeder Stoff, der von einer Pflanze produziert wird, hat zunächst eine bestimmte Funktion für die Pflanze selbst. Er dient beispielsweise ihrem Aufbau, der Anlockung von Bestäubern oder der Bekämpfung von Pflanzenkrankheiten.

Stellt man sich vor diesem Hintergrund z. B. die Frage, wozu der Fingerhut giftig ist und zudem äußerst bitter schmeckt, so ist eine mögliche Antwort: damit er nicht vom Reh gefressen wird. Dank der giftigen Inhaltsstoffe ist die Pflanze vor Fraß geschützt und kann sich vermehren. Je präziser diese Gifte in den tierischen Stoffwechsel eingreifen können, desto besser dienen sie dem Schutz der Pflanze und desto größer ist deren Überlebenschance. Die herzwirksamen Glycoside des Fingerhutes stellen – als „chemischer Stachel" – eine hervorragende Abwehrwaffe gegen Fraßfeinde dar.

Erst die Kunst verantwortungsvoller Menschen macht auch diese gefährlichen Stoffe zu Medizin!

Wichtige Wirkstoff-Gruppen

Meist beeinflußt die Kombination mehrerer Wirkstoffe deren Wirkung entscheidend mit. So können manche Stoffe z. B. die Aufnahme anderer Stoffe in den Körper günstig beeinflussen. Ebenfalls ist es möglich, daß sich verschiedene Wirkstoffe in ihrer Wirkung ergänzen und somit die Anwendung von Heilpflanzen erweitern. Grundlage für ein Verständnis der Wirkung von Heilpflanzen sind jedoch ihre einzelnen Wirkstoffe. Um die Vielzahl an verschiedenen Wirkstoffen zu überblicken, werden ähnliche Wirkstoffe zu Wirkstoff-Gruppen zusammengefaßt.

Im folgenden werden einige wichtige Wirkstoff-Gruppen vorgestellt. Die einzelnen Überbegriffe fassen verschiedene Wirkstoffe nach den unterschiedlichsten Gesichtspunkten zusammen. So werden sie im einen Fall nach ihrem Geschmack, im anderen Fall nach ihrer Wirkung oder ihrer chemischen Zusammensetzung zusammengefaßt. Immer verbergen sich hinter den Überbegriffen eine Vielzahl verschiedener Stoffe!

Alkaloide

Zu dieser Gruppe gehören z. B. die Rauschgifte Morphin, ein Bestandteil des Opiums, das aus Schlafmohn gewonnen wird, und Cocain, das aus dem „Götterbaum" der Inkas stammt, oder das Malariamittel Chinin, das aus der Rinde des Chinabaumes gewonnen wird. Nikotin, das die Wirkung des Tabaks verursacht, und Koffein, der „Muntermacher" im Kaffee, sind ebenfalls Alkaloide.

Alkaloide zählen zu den stärksten Wirkstoffen, die man im Pflanzenreich findet. Sie bilden die Grundlage für wichtige Medikamente. Aus Pflanzen, die einen hohen Gehalt an Alkaloiden haben, sollte man selbst keinen Tee zur inneren Anwendung bereiten!

Alkaloide kommen häufig in Pflanzen der Familien Mohngewächse (Papaveraceae) und Nachtschattengewächse (Solanaceae) vor.

Pyrrolizidinalkaloide, eine Untergruppe der Alkaloide, verursachen Leberschäden, sind krebserregend und fruchtschädigend.

Ätherische Öle

Sie setzen sich aus einem Gemisch leicht flüchtiger Stoffe zusammen, die einen star-

Heilkräutergarten

ken, meist angenehmen Geruch haben. Der Duft von Melisse, Kümmel oder Kamille rührt von ätherischem Öl her. Viele ätherische Öle wirken krampflösend, entzündungswidrig und verdauungsfördernd. Besonders Lippenblütler (Lamiaceae), Doldenblütler (Apiaceae) und Korbblütler (Asteraceae) haben einen hohen Gehalt an ätherischen Ölen.

Bitterstoffe

Sie werden allein durch ihren Geschmack bestimmt und stellen keine einheitliche Stoffgruppe dar. Manche Bitterstoffe sind giftig, andere nicht. Ungiftige Bitterstoffe wirken in der Regel verdauungsfördernd, sie tragen aber auch zur verbesserten Aufnahme anderer Stoffe in den Körper bei. Tausendgüldenkraut, ein Enziangewächs (Gentianaceae), hat beispielsweise einen hohen Gehalt an Bitterstoffen.

Gerbstoffe

Wie der Name sagt, können Gerbstoffe zum Gerben verwendet werden, d. h. aus einer Tierhaut entsteht unter Einwirkung von Gerbstoffen Leder. Pflanzliche Gerbstoffe zeichnen sich durch einen zusammenziehenden (adstringierenden) Geschmack aus, der durch „Gerben" der Schleimhaut im Mund hervorgerufen wird.

Gerbstoffe wirken gegen Durchfall, sie eignen sich als Gurgelmittel zur Behandlung von Entzündungen im Mund- und Rachenraum und können zur Wundbehandlung eingesetzt werden.

Als Vertreter gerbstoffhaltiger Pflanzen seien Blutwurz und Heidelbeere genannt.

Flavonoide

Zur Gruppe der Flavonoide gehören pflanzliche Farbstoffe, die alle die gleiche chemische Grundstruktur aufweisen. Einzelne Flavonoide können sich in ihrer Wirkung völlig unterscheiden. Beispielsweise wirken manche Flavonoide schützend auf kleinste Blutgefäße. Im allgemeinen schreibt man den Flavonoiden zu, daß sie die Wirkung anderer Stoffe verstärken können. Goldrute, Kamille oder Weißdorn haben beispielsweise einen hohen Gehalt an Flavonoiden.

Glykoside

Hierher gehören die herzwirksamen Glykoside des Fingerhutes (Digitoxin) genauso wie die harnwegdesinfizierenden der Bärentraube (Arbutin) oder die antibakteriellen des Spitzwegerichs (Aucubin). Glykoside können völlig verschiedene Wirkungen haben. Gemeinsam ist ihnen, daß sie aus einem Zucker- und einem Nichtzuckeranteil bestehen.

Saponine sind eine spezielle Form von Glycosiden. Sie bilden in Wasser beim Schütteln einen starken, haltbaren Schaum. Saponine wirken schleimlösend und können gegen festsitzenden Husten angewendet werden. Die Saponine der Goldrute beispielsweise wirken auch gegen Bakterien und Viren. In großen Mengen sind Saponine giftig.

Als Pflanze mit einem hohen Saponingehalt sei das Seifenkraut, ein Nelkengewächs (Caryophyllaceae) genannt.

Pflanzenschleime

Diese Stoffe quellen in Wasser stark auf. Sie können Schleimhäute abdecken und

Heilkräutergarten

somit reizmildernd wirken. Zudem haben sie eine leicht abführende Wirkung. Einen hohen Schleimanteil enthalten z. B. Lein, Königskerze, Huflattich, Spitzwegerich oder Malve.

Anwendung von Heilpflanzen

Grundsätzliches

Heilpflanzen sind Lebewesen und sollten grundsätzlich mit Respekt behandelt werden. Da jede Heilpflanze bestimmte Wirkstoffe enthält (z. T. sogar „chemische Stacheln"), ist es wichtig, verantwortungsvoll mit ihnen umzugehen. Dies trifft besonders auf stark giftige Heilpflanzen zu, deren Handhabe besonders ausgebildeten Fachleuten vorbehalten ist, aber auch auf alle anderen medizinisch wirksamen Pflanzen. In der Regel gilt für die Anwendung von Heilpflanzen – wie für alle anderen Medikamente auch – daß nur so viel wie nötig und so wenig wie möglich eingenommen werden soll.

Bevor man sich überhaupt zur Anwendung einer Heilpflanze entscheidet, muß eindeutig geklärt sein, gegen was für eine Art von Leiden sie eingesetzt werden soll. Nur wer in der Lage ist, eine eindeutige Diagnose zu stellen, kann auch verantwortungsvolle Maßnahmen treffen. Im Zweifelsfall also immer einen Arzt zu Rate zu ziehen!

Verschiedene Anwendungsformen

Pflanzenteile, die zu medizinischen Zwecken gebraucht werden, nennt man allgemein Drogen.

Die häufigste Form der Anwendung von Heilpflanzen ist der Tee. Er kann als Aufguß, Abkochung oder als Kaltauszug zubereitet werden.

Für einen Aufguß übergießt man eine vorgeschriebene Drogenmenge mit ¼ Liter kochendem Wasser und läßt sie 5 bis 10 Minuten ziehen. Die meisten Tees werden auf diese Art hergestellt.

Für eine Abkochung übergießt man die vorgeschriebene Drogenmenge mit kaltem Wasser und läßt sie 10 bis 15 Minuten kochen. Dieses Verfahren bietet sich an, wenn man Gerbstoffe aus der Droge herausziehen will (z. B. bei der Blutwurz).

Für einen Kaltauszug wird die vorgeschriebene Drogenmenge mit kaltem Wasser übergossen und bleibt mehrere Stunden bei Raumtemperatur stehen. Nach dem Abseihen sollte der Auszug kurz erhitzt werden, um Bakterien, die sich in der Zwischenzeit vermehrt haben könnten, abzutöten. Ein Kaltauszug empfiehlt sich dann, wenn eine Pflanze neben dem gewünschten Wirkstoff auch viele unerwünschte Gerbstoffe enthält (z. B. bei der Bärentraube) oder wenn man Pflanzenschleime ausziehen will.

Neben Tee können Tinkturen, Öle oder Salben hergestellt werden (entsprechende Hinweise finden sich bei den Pflanzenbeschreibungen).

All diese Anwendungsformen können aus einer einzigen Droge oder aus einer Mischung verschiedener Drogen zubereitet werden. Es soll nicht vergessen werden, daß neben den oben genannten Anwendungsformen, die leicht selbst hergestellt werden können, auch viele moderne Medikamente pflanzliche Wirkstoffe enthalten.

Pflanzenportraits

Übersicht der ausgewählten Heilpflanzen

		Beet-Nr.:	1	2	3	4	5	6	7	8
Alant	Inula helenium			x			x	x		
Arnika	Arnica montana				x			x		
Augentrost	Euphrasia rostkoviana							x		
Baldrian	Valeriana officinalis				x	x				
Bärentraube	Arctostaphyllos uva-ursi				x					
Bärlauch	Allium ursinum		x							
Beinwell	Symphytum officinale							x	x	
Bibernelle	Pimpinella major		x				x			
Blutwurz	Potentilla erecta		x				x			
Boretsch	Borago officinalis			x	x					
Brennessel	Urtica dioica			x				x		
Fenchel	Foeniculum vulgare		x							
Frauenmantel	Alchemilla vulgaris		x				x		x	
Gänsefingerkraut	Potentilla anserina		x							
Goldrute	Solidago virgaurea				x					x
Hafer	Avena sativa					x				x
Hauhechel	Ononis spinosa				x			x		
Heidelbeere	Vaccinium myrtillus		x							
Hirtentäschel	Capsella bursa-pastoris				x		x			
Hopfen	Humulus lupulus					x				
Huflattich	Tussilago farfara					x			x	
Johanniskraut	Hypericum perforatum						x			
Kamille	Matricaria recutita		x				x	x		
Klette	Arctium lappa		x						x	x
Königskerze	Verbascum densiflorum						x			
Kümmel	Carum carvi		x							
Labkraut	Galium verum					x				
Lein	Linum ussitatissimum		x							x
Löwenzahn	Taraxacum officinalis			x					x	
Mädesüß	Filipendula ulmaria								x	
Mariendistel	Silybum marianum		x							
Melisse	Melissa officinalis					x				
Möhre	Daucus carota							x		
Odermennig	Agrimonia eupatoria		x							
Pfefferminze	Mentha x piperta		x							
Ringelblume	Calendula officinalis					x		x		
Salbei	Salvia officinalis					x	x			
Sanikel	Sanicula europaea							x		x
Schafgarbe	Achillea millefolium		x					x		
Schlüsselblume	Primula veris/elatior						x			
Schöllkraut	Chelidonium majus		x							x
Seifenkraut	Saponaria officinalis						x			x
Spitzwegerich	Plantago lanceolata						x	x		
Stockrose	Alcea rosea						x			
Tausendgüldenkraut	Centaurium erythraea		x		x					
Thymian	Thymus pulegioides		x				x	x	x	
Wegwarte	Cychorium intybus		x							
Wermut	Artemisia absinthium		x							

Pflanzenportraits

Auswahlkriterien
Alle näher beschriebenen Pflanzen sind im Garten des Schwarzwälder Freilichtmuseums angebaut. Da im Garten nur krautige Pflanzen stehen, wurden keine Sträucher oder Bäume berücksichtigt.
Alle ausgewählten Pflanzen haben eine Wirkung auf den Menschen, sie sind jedoch in der beschriebenen Anwendungsform nicht giftig. Dies ermöglicht es, sich durch eigenes Ausprobieren dem interessanten Gebiet der Heilpflanzen relativ gefahrlos zu nähern – und dazu soll dieser Führer ermuntern.

Pflanzenportraits

Erläuterung:
Jedes Pflanzenportrait ist mit dem deutschen Pflanzennamen überschrieben, nach dem die einzelnen Pflanzenporträts alphabetisch geordnet sind. Darunter findet sich der wissenschaftliche Pflanzenname und die Nummer der Beete, in denen die Pflanze im Garten zu finden ist.
Steht eine Pflanze unter Naturschutz oder ist sie giftig, wird am Anfang ihres Steckbriefes ausdrücklich darauf hingewiesen.

Im Folgenden werden die einzelnen Rubriken erläutert:

Familie:
Hier wird die Pflanzenfamilie, zu der die Pflanze gezählt wird, mit deutschem und wissenschaftlichem Namen angegeben.

Vorkommen:
Zunächst wird auf das großräumige Verbreitungsgebiet der Art eingegangen, anschließend auf ihren Standort.

Verwendete Pflanzenteile:
Hier ist angegeben, welche der Teile der Pflanze als Droge genutzt werden.

Wirkstoffe:
Unter diesem Stichwort werden die wichtigsten Wirkstoff-Gruppen genannt, die in der Pflanze enthalten sind. In manchen Fällen sind auch einzelne wichtige Wirkstoffe angegeben.

Wirkung:
Es werden Angaben zur Wirkung und Anwendung der Pflanze gemacht.

Rezept:
In den meisten Fällen finden sich hier konkrete Anleitungen zur Bereitung von Tees, Tinkturen, Salben usw.

Übrigens:
Hier finden sich zu allen möglichen Aspekten interessante Angaben über die Pflanze.

Auf eine exakte Pflanzenbeschreibung wurde verzichtet, da der Besucher des Gartens ohnehin die lebendige Pflanze vor Augen hat. Zum Selbstbestimmen von Pflanzen gibt es im Handel gute Bestimmungsliteratur.

Alant

Inula helenium   Beet 2, 5, 6

Familie:
Korbblütler *Asteraceae*

Vorkommen:
Wahrscheinlich kommt die Pflanze ursprünglich aus Zentralasien. Bei uns wird sie in Gärten kultiviert, aus denen sie gelegentlich verwilderte.

Verwendete Pflanzenteile:
Wurzelstock (Blätter)

Wirkstoffe:
Ätherisches Öl, Bitterstoffe usw.

Wirkung:
Alant wirkt schleimlösend und hustendämpfend sowie etwas krampflösend. Er eignet sich deshalb als Hustenmittel.

Rezept:
Hustentee: 1 gehäufter Teelöffel Alantwurzel mit ¼ Liter kochendem Wasser übergießen und 15 Minuten ziehen lassen. Mit Honig gesüßt dreimal pro Tag eine Tasse trinken. Eine Mischung mit Spitzwegerich und Schlüsselblume verbessert die Wirkung des Hustentees.

Achtung!
Überdosierungen können zu Magenschmerzen führen. Wenn eine allergische Reaktion bemerkt wird, sollte man die Pflanze nicht mehr anwenden.

Übrigens:
Die großen Stauden sind eine Zierde für den Garten. Sie lassen sich leicht durch Abstechen vermehren.

Arnika

Arnica montana   Beet 3, 6

Geschützt!

Familie:
Korbblütler *Asteraceae*

Vorkommen:
Die Art ist in den Gebirgen Europas mit Ausnahme Britanniens verbreitet. Man findet sie in bodensauren mageren Rasen und Weiden, meist in Gebieten über 500 Meter, z. B. im Hochschwarzwald.

Verwendete Pflanzenteile:
Voll aufgeblühte Blütenkörbchen

Wirkstoffe:
Ätherisches Öl (mit Sesquiterpenlactonen), Flavonoide usw.

Wirkung:
Durch seine entzündungshemmenden und wundheilungsfördernden Eigenschaften lindert Arnika Quetschungen, Zerrungen, Verstauchungen, Prellungen, sowie Muskel- und Gelenkschmerzen. Arnika sollte nur äußerlich angewendet werden, da eine innere Anwendung zu Herzstörungen führen kann!

Rezept:
Früher war Arnikatinktur ein gängiges Hausmittel. Da die Pflanze heute unter Schutz steht, sollte auf Fertigpräparate aus der Apotheke zurückgegriffen werden.

Übrigens:
Arnika und Ringelblume sind sich in ihrer Wirkung ähnlich. Im Gegensatz zur Arnika steht die Ringelblume nicht unter Schutz und kann leicht im Garten gezogen werden (siehe Ringelblume).

Augentrost

Euphrasia rostkoviana Beet 6

Familie:
Braunwurzgewächse
Scrophulariaceae

Vorkommen:
Die Art ist in Mittel- und Osteuropa verbreitet. Bei uns findet man sie in mageren Bergwiesen und -weiden.

Verwendete Pflanzenteile:
Blühendes Kraut.

Wirkstoffe:
Gerbstoffe, ätherisches Öl, Bitterstoffe usw.

Wirkung:
Lindert Bindehautentzündung, Liedrandentzündung, Gerstenkorn und Verletzungen am Auge.

Rezept zur Augenspülung:
1 bis 2 Teelöffel mit ¼ Liter kaltem Wasser übergießen, aufkochen und kurz ziehen lassen. Werden dem Tee ein paar Körner Kochsalz zugegeben, so wird die Augenspülung angenehmer. Ebenfalls empfehlenswert ist eine Teemischung von Augentrost und Fenchel im Verhältnis 3:1.

Übrigens:
Die Pflanze ist ein Halbschmarotzer, d. h. sie treibt zwar mit ihren grünen Blättern selbst Photosynthese, dringt aber mit ihren Wurzeln in die der benachbarten Gräser ein und entzieht ihnen Wasser und Nährsalze. Im Garten ist sie deshalb nur schwer anzubauen.

Baldrian

Valeriana officinalis Beet 3, 4

Familie:
Baldriangewächse *Valerianaceae*

Vorkommen:
Die Art ist von Europa über Zentralasien bis nach Japan verbreitet. Bei uns findet man sie oft in feuchten und schattigen Staudenfluren, an Böschungen oder an Gräben und Ufern.

Verwendete Pflanzenteile:
Wurzel

Wirkstoffe:
Valepotriate (s. u.), ätherisches Öl (mit Sesquiterpenen), Alkaloide usw.

Wirkung:
Lindert nervöse Reizzustände, Schlaflosigkeit und nervöses Herzklopfen.

Rezept:
Baldriantinktur: 1 Teil pulverisierte Wurzel auf 5 Teile Ethanol 70% in eine braune Flasche geben, 5 Tage bei Raumtemperatur stehenlassen und mehrmals schütteln. Danach 5 Tage in den Kühlschrank stellen und anschließend z. B. durch einen Kaffeefilter filtrieren. Bei Bedarf sollten Erwachsene mindestens 1 Teelöffel voll mit Wasser verdünnt einnehmen.

Übrigens:
Die Valepotriate zersetzen sich in der Tinktur. Man nimmt an, daß ihre Zersetzungsprodukte sowie das ätherische Öl für die Wirkung von Baldrian verantwortlich sind.

Bärentraube

Arctostaphyllos uva-ursi   Beet: 2

Geschützt!

Familie:
Erikagewächse *Ericaceae*

Vorkommen:
Die Art ist in den nördlichen Nadelwaldgebieten und in den Gebirgen Südeuropas und Südasiens verbreitet. Gesellig findet man sie z. B. in lichten Kiefernwäldern der Alpen.

Verwendete Pflanzenteile:
Blätter

Wirkstoffe:
Glukosid (Arbutin), Gerbstoffe, Flavonoide usw.

Wirkung:
Lindert leichtere Fälle von Nieren- und vor allem von Blasenentzündungen.

Rezept:
2 Teelöffel Bärentraubenblätter mit ¼ l kaltem Wasser übergießen und 1 Tag stehen lassen, abseihen und leicht erwärmt trinken. 2 bis 3 Tassen pro Tag trinken. Die Dauer der Anwendung sollte eine Woche nicht überschreiten.

Übrigens:
Während der Teekur ist es wichtig darauf zu achten, daß der Urin nicht sauer wird, da die Wirkstoffe sonst nicht wirken können. Der reichliche Genuß pflanzlicher Nahrung fördert die Wirkung.

Bärlauch

Allium ursinum   Beet 1

Familie:
Liliengewächse *Liliaceae*

Vorkommen:
Bei uns findet man die Pflanze in schattigen, feuchten Laubmisch- oder Auewäldern. Im Frühjahr können Massenbestände den Waldboden mit einem dichten Teppich überziehen (Bild). Sie kündigen sich schon von weitem durch ihren starken Knoblauch-Geruch an.

Verwendete Pflanzenteile:
Frisches Kraut, Zwiebel

Wirkstoffe:
Ätherisches Öl (mit Allicin), Vitamin C usw.

Wirkung:
Verdauungsfördernd, antibakteriell, blutdrucksenkend (ähnlich wie Knoblauch).

Rezept:
Aus den Zwiebeln und frischen Blättern wird ein Preßsaft hergestellt. Er soll mit Milch verdünnt, teelöffelweise mehrmals täglich eingenommen werden.

Achtung!
Zur Frühlingszeit, wenn der Bärlauch gesammelt wird, ist in den Zeitungen ab und zu von schweren Vergiftungen zu lesen. Sie sind auf eine folgenschwere Verwechslung von Bärlauch mit dem giftigen Maiglöckchen durch unkundige Sammler zurückzuführen!

Übrigens:
Frische junge Blätter eignen sich gut zum Würzen von Frühlings-Salaten oder von Kartoffelsalat.

Beinwell

Symphytum officinale   Beet 6, 7

Familie:
Rauhblattgewächse *Boraginaceae*

Vorkommen:
Die Art ist von Europa bis ins westliche Sibirien verbreitet. Bei uns findet man die Pflanze an feuchten Standorten, z. B. in Naßwiesen, in Auewäldern oder an Gräben.

Verwendete Pflanzenteile:
Wurzelstock (Kraut)

Wirkstoffe:
Allantoin, Gerbstoffe, Flavonoide usw. sowie Pyrrolizidinalkaloide.

Wirkung:
Das Allantoin löst Wundsekrete auf, verflüssigt Eiter und steigert die Regenerationsfähigkeit des Gewebes. Schwellungen und Schmerzen bei Knochenbrüchen oder Zerrungen werden gelindert. Die lebergiftigen Pyrrolizidinalkaloide, die leider ebenfalls in der Pflanze vorkommen, verbieten die innere Anwendung!

Rezept:
Aufgrund der vorhandenen Pyrrolizidinalkaloide ist es ratsam, auf Fertigpräparate aus der Apotheke zurückzugreifen, bei denen diese gefährlichen Stoffe entfernt worden sind.

Übrigens:
Inzwischen gibt es Beinwellsorten, bei denen die gefährlichen Alkaloide weggezüchtet worden sind.

Bibernelle

Pimpinella major   Beet 1, 5

Familie:
Doldenblütler *Apiaceae*

Vorkommen:
Bei uns findet man die Pflanze häufig in nährstoffreichen, feuchten Bergwiesen.

Verwendete Pflanzenteile:
Wurzel

Wirkstoffe:
Ätherisches Öl, Gerbstoffe, Saponine, Bitterstoffe usw.

Wirkung:
Mit dem Spruch „Eßt Tormentill und Bibernell, dann sterbt ihr net so schnell" wurde besonders während den Pestzeiten für dieses Mittel geworben. Heute schätzt man die Wirkung dieser Pflanze nüchterner ein. Sie wird noch eingesetzt gegen Halsschmerzen, Heiserkeit, Husten oder Asthma.

Rezept:
Als Gurgelmittel gegen Halsschmerzen hilft folgende Teemischung:
1g Blutwurzel in ¼ l Wasser 10 Minuten auskochen (verdampfendes Wasser immer wieder auffüllen), danach 2 g Kamillenblüten in den Topf geben und 5 Minuten ziehen lassen. Schließlich 2 g Bibernellwurzel zugeben und nach 1 Minute alles abseihen. Mit dieser Mischung so heiß wie möglich gurgeln.

Übrigens:
Der Kleine Wiesenknopf *Sanguisorba minor* wird landläufig als Pimpinelle bezeichnet und ist unter diesem Namen ein Bestandteil der „Frankfurter grünen Soße". Die hier beschriebene Bibernelle heißt *Pimpinella major*. Das Begriffswirrwarr ist also kaum zu überbieten, obwohl es sich um ganz verschiedene Pflanzen handelt: im ersten Fall um ein Rosengewächs, im letzteren um einen Doldenblütler.

Blutwurz

Potentilla erecta   Beet 1, 6

Familie:
Rosengewächse *Rosaceae*

Vorkommen:
Die Verbreitung der Art reicht von Europa über den Ural bis nach Asien. Bei uns findet man sie häufig in mageren Rasen und Weiden.

Verwendete Pflanzenteile:
Wurzelstock

Wirkstoffe:
Gerbstoffe

Wirkung:
Lindert Entzündungen im Mund- und Rachenraum (besonders entzündete Mandeln) sowie Blähungen und Durchfall.

Rezept:
Gurgelmittel gegen Halsschmerzen: 2 Eßlöffel geschnittene Blutwurz(el) in ½ l Wasser 10 Minuten auskochen lassen. Vom Herd nehmen, 2 Teelöffel Kamillenblüten zugeben und 10 Minuten bedeckt ziehen lassen. 2 bis 3 mal pro Tag gurgeln.

Übrigens:
Schneidet man eine frisch gegrabene Wurzel durch, so färben sich die Schnittstellen blutrot an. Der Name Blutwurz leitet sich von dieser Eigenschaft ab.

Boretsch

Borago officinalis   Beet 2, 3

Familie:
Rauhblattgewächse *Boraginaceae*

Vorkommen:
Die Pflanze hat ihr natürliches Verbreitungsgebiet im westlichen Mittelmeerraum. Bei uns wird sie häufig in Gärten ausgesät.

Verwendete Pflanzenteile:
Kraut

Wirkstoffe:
Schleim, Stärke, Gerbstoffe, u. a. Pyrrolizidinalkaloide werden vermutet.

Wirkung:
Man spricht ihm landläufig eine Wirkung gegen Nervosität zu.
Wegen der vermuteten Pyrrolizidinalkaloide ist von einem Dauergebrauch abzuraten.

Übrigens:
Boretschblätter eignen sich gut zum Würzen von Salatsoßen. Seine blauen Blüten lassen sich leicht abzupfen und z. B. zum Schmücken von Salaten verwenden.

Brennessel

Urtica dioica   Beet 2, 7

Familie:
Brennesselgewächse *Urticaceae*

Vorkommen:
In den gemäßigten Breiten ist die Art heute weltweit verbreitet. Bei uns findet man sie häufig an Wegen und Schuttplätzen und besonders im Umkreis dörflicher Siedlungen.

Verwendete Pflanzenteile:
Kraut

Wirkstoffe:
In den Brennhaaren sind Acetylcholin, Histamin, Ameisensäure usw. enthalten.

Wirkung:
Brennessel wirkt leicht harntreibend und hat eine anregende Wirkung auf den Stoffwechsel. Sie wird daher gegen Rheuma und Gicht im Rahmen einer Frühjahrskur eingesetzt.

Rezept:
2 Teelöffel Brennesselblätter mit ¼ l kochendem Wasser übergießen und 5 Minuten ziehen lassen. Über einen Zeitraum von mindestens 4 Wochen morgens und abends je 1 Tasse lauwarm trinken.

Übrigens:
In schlechten Zeiten diente Brennessel als Ersatzfaserpflanze.

Fenchel

Foeniculum vulgare   Beet 1

Familie:
Doldenblütler *Apiaceae*

Vorkommen:
Fenchel stammt ursprünglich wohl aus dem Mittelmeergebiet. Heute ist er weltweit in Gebieten mit ähnlichem Klima verbreitet. Bei uns wird er gelegentlich in verschiedenen Zuchtformen im Garten angebaut (z. B. als Gemüse).

Verwendete Pflanzenteile:
Reife Frucht (Wurzel)

Wirkstoffe:
Vor allem ätherisches Öl

Wirkung:
Fenchel dient als auswurfförderndes Hustenmittel, als Beruhigungsmittel (besonders für Kinder), als Mittel gegen Blähungen und kann zu Augenwaschungen verwendet werden.

Rezept:
1 bis 2 Teelöffel Fenchelfrüchte kurz vor Gebrauch zerstoßen, mit ¼ Liter kochendem Wasser übergießen, etwas ziehen lassen und abseihen. Bei Verdauungsstörungen ungesüßt, als Hustentee 2-5 Tassen pro Tag mit Honig gesüßt trinken.

Zur Augenwaschung eignet sich eine Teemischung mit Augentrost (siehe dort).

Übrigens:
Ähnlich wie Anis ist Fenchel ein beliebtes Gewürz für Backwaren, Krautgerichte, eingemachte Früchte usw.

Frauenmantel

Alchemilla vulgaris agg. Beet 1, 6, 8

Familie:
Rosengewächse *Rosaceae*

Vorkommen:
Die Art ist von Europa über Sibirien bis nach Nordamerika verbreitet. Bei uns findet man sie auf fetten Wiesen und Weiden, in lichten Wäldern oder an Wegen.

Verwendete Pflanzenteile:
Blätter (Kraut)

Wirkstoffe:
Hauptsächlich Gerb- und Bitterstoffe

Wirkung:
Die Pflanze wird fast nur in der „Volksmedizin" verwendet. Innerlich gegen Beschwerden der Wechseljahre oder zu starken Monatsblutungen; äußerlich zur Waschung der Scheide, zum Waschen eiternder Wunden, nässenden Ekzemen usw.

Übrigens:
Unter dem Namen *Alchemilla vulgaris agg.* verbergen sich eine Vielzahl von verschiedenen Frauenmantel-Arten (ca. 60 allein in Deutschland). Da sie nur von Spezialisten unterschieden werden können, sind sie hier unter der Sammelbezeichnung *agg.* (Aggregat) zusammengefaßt. Es ist möglich, daß nur einige dieser Arten tatsächlich wirksam sind.

Rezept:
1 Eßlöffel Frauenmantelkraut mit ¼ l Wasser übergießen, zum Kochen bringen und 15 Minuten ziehen lassen. Dieser Tee kann innerlich und äußerlich verwendet werden.

Gänsefingerkraut

Potentilla anserina   Beet 1

Familie:
Rosengewächse *Rosaceae*

Vorkommen:
Ursprünglich von Europa (mit Ausnahme des Mittelmeerraumes) bis nach Sibirien verbreitet, ist die Pflanze heute in die gemäßigten Zonen weltweit verschleppt. Bei uns findet man sie häufig an betretenen Wegrändern, Ufern usw. Der Tatsache, daß sie früher immer in Gänseangern zu finden war, verdankt die Pflanze ihren Namen.

Verwendete Pflanzenteile:
Kraut

Wirkstoffe:
Gerbstoffe, Flavonoide usw. sowie ein krampflösender Stoff

Wirkung:
Der Pflanze wird eine krampflösende Wirkung bei Darmkoliken, Menstruationsbeschwerden usw. zugeschrieben.

Rezept:
2 Teelöffel Gänsefingerkraut mit ¼ l kochendem Wasser übergießen und 10 Minuten ziehen lassen. 2 bis 3 Tassen pro Tag möglichst heiß und langsam trinken.

Übrigens:
Die Art kommt im Mittelmeergebiet nicht vor. Sie war deshalb in der antiken Medizin unbekannt. In germanischer Heilkunde dagegen war sie immer sehr geschätzt!

Goldrute

Solidago virgaurea   Beet 2, 8

Familie:
Korbblütler *Asteraceae*

Vorkommen:
Die Art kommt von Europa bis nach Westasien, sowie in Nordamerika vor. Bei uns findet man sie in lichten Wäldern und häufig an Waldrändern.

Verwendete Pflanzenteile:
Unverholztes Kraut

Wirkstoffe:
Flavonoide, Saponine, Gerbstoffe

Wirkung:
Regt die Nierentätigkeit und somit die Harnausscheidung an. Sie eignet sich deshalb zur Behandlung von Nierenentzündungen. Die speziellen Saponine der Goldrute haben eine Wirkung gegen Bakterien und Viren.

Rezept:
1 bis 2 Teelöffel zerschnittenes Goldrutenkraut mit ¼ l Wasser übergießen, aufkochen und kurz ziehen lassen. 3 Tassen pro Tag werden empfohlen.

Übrigens:
Neben der Echten Goldrute (*S. virgaurea*) kommen bei uns die Kanadische und die Riesen-Goldrute vor. Beide stammen ursprünglich aus Nordamerika und machen sich in jüngster Zeit besonders in Auengebieten ungehemmt breit.

Hafer

Avena sativa   Beet 4, 8

Familie:
Süßgräser *Poaceae*

Vorkommen:
Seit der Bronzezeit gibt es die Pflanze in Mitteleuropa. Sie wird bei uns als anspruchslose Sommerfrucht in feuchten Gebieten angebaut.

Verwendete Pflanzenteile:
Früchte, Kraut, Stroh

Wirkstoffe:
Das Alkaloid Avenin, Zink, Kieselsäure usw.

Wirkung:
Als kräftigende Nahrung helfen Haferflocken bei Schwächezuständen. Hafertinktur dient als Beruhigungsmittel. Als Bad regt Hafer den Stoffwechsel an.

Rezept:
Haferstrohbad gegen Rheuma, Gicht und andere Stoffwechselbeschwerden: 100 g gehäckseltes Haferstroh in 3 Liter Wasser 20 Minuten kochen, abseihen und dem Vollbad zusetzen.

Übrigens:
Auch für Pferde gehört Hafer zu den besten Energielieferanten!

Hauhechel

Ononis spinosa   Beet 2, 7

Familie:
Schmetterlingsblütler *Fabaceae*

Vorkommen:
Die Pflanze ist von Europa bis Mittelasien mit Ausnahme Nordeuropas und der Hochgebirge verbreitet. Man findet sie in sonnigen, mageren Weiden, an Wegen und Böschungen.

Verwendete Pflanzenteile:
Wurzel

Wirkstoffe:
Ätherisches Öl, Saponine, Flavonoide, Gerbstoffe usw.

Wirkung:
Harntreibend. Bei Wasseransammlung infolge eingeschränkter Herz- oder Nierentätigkeit sollte die Pflanze nicht angewendet werden.

Rezept:
Entwässerungstee: 2 Teelöffel Hauhechelwurzel mit ¼ l kochendem Wasser übergießen und ½ Stunde ziehen lassen. 2 bis 3 mal täglich eine Tasse Tee zwischen den Mahlzeiten trinken.

Übrigens:
Die Wirksamkeit des Tees läßt nach einigen Tagen nach.

Heidelbeere

Vaccinium myrtillus Beet 1

Familie:
Erikagewächse *Ericaceae*

Vorkommen:
Die Art ist in der gemäßigten Zone der Nordhalbkugel weit verbreitet. Bei uns findet man sie in Fichtenwäldern des Gebirges oder in Mooren.

Verwendete Pflanzenteile:
Früchte (Blätter)

Wirkstoffe:
Hauptsächlich Gerbstoffe

Wirkung:
Lindert Durchfall

Rezept:
Tee gegen Durchfall: 3 Eßlöffel getrocknete Früchte mit ½ l Wasser übergießen, 1 Prise Salz zugeben, 10 Minuten kochen lassen und abseihen. 3 Tassen pro Tag kalt trinken.

Übrigens:
Frische Heidelbeeren wirken leicht abführend!

Hirtentäschel

Capsella bursa-pastoris   Beet 3, 6

Familie:
Kreuzblütler *Brassicaceae*

Vorkommen:
Die Heimat der Art ist wahrscheinlich der Mittelmeerraum. Heute ist sie in den gemäßigten Zonen weltweit verbreitet. Bei uns findet man das Hirtentäschel an Wegen, in Äckern oder an Schuttplätzen.

Verwendete Pflanzenteile:
Kraut

Wirkstoffe:
Acetylcholin, Histamin, Gerbstoffe usw.

Wirkung:
Die Pflanze hat schwach blutstillende Eigenschaften und wurde deshalb in der Frauenheilkunde bei zu starker Monatsblutung eingesetzt. Die Wirkung des Hirtentäschel ist jedoch großen Schwankungen unterworfen.

Übrigens:
Die charakteristische Form der Früchte gab dem Hirtentäschel den Namen.

Rezept:
2 Teelöffel mit ¼ l kochendem Wasser übergießen und 10 Minuten ziehen lassen. Bei Bedarf 3 bis 4 Tassen pro Tag trinken.

Hopfen

Humulus lupulus   Beet 4

Familie:
Hanfgewächse *Cannabaceae*

Vorkommen:
Die Art ist in der gemäßigten Zone der Nordhalbkugel verbreitet. Bei uns wächst die Schlingpflanze häufig in Auewäldern. Ein für die Bierbrauerei wichtiges Hopfenanbaugebiet liegt z. B. bei Tettnang am Bodensee.

Verwendete Pflanzenteile:
Die weiblichen Blüten (Hopfenzapfen)

Wirkstoffe:
Bitterstoffe, Harze, ätherisches Öl (mit Humulon und Lupulon) usw.

Wirkung:
Appetitanregend, lindert Nervosität und Einschlafstörungen; regt den Menstruationszyklus an.

Rezept:
Teemischung gegen Nervosität und Einschlafstörungen:
Hopfen und Baldrian im Verhältnis 1:3 mischen. 1 Teelöffel der Mischung mit ¼ l kochendem Wasser übergießen und 10 Minuten bedeckt ziehen lassen. ½ Stunde vor dem Schlafengehen 1 Tasse trinken.

Übrigens:
Hopfen ist eng verwandt mit Hanf (*Cannabis sativa*). Beide Pflanzen enthalten ähnliche Inhaltsstoffe, auch wenn die des Hopfens keine so drastische Wirkung haben wie die des Hanfes. Bei beiden Arten gibt es „männliche" und „weibliche" Pflanzen, wobei jeweils die „weiblichen" bevorzugt werden.

Huflattich

Tussilago farfara   Beet 5, 8

Familie:
Korbblütler *Asteraceae*

Vorkommen:
Die Art ist von Europa bis Sibirien sowie in den Gebirgen Nordafrikas verbreitet. Die Pflanze wächst häufig an Wegen, in Kiesgruben oder in Erdanrissen.

Verwendete Pflanzenteile:
Blätter (Blütenköpfe)

Wirkstoffe:
Schleimstoffe, Bitterstoffe usw.; Pyrrolizidinalkaloide

Wirkung:
Entzündungshemmend; lindert Reiz- und Kitzelhusten; gegen Verschleimung.

Rezept:
2 Teelöffel mit ¼ l kochendem Wasser übergießen, 10 Minuten ziehen lassen und abseihen. Bei Husten 3 mal täglich eine Tasse mit Honig gesüßt trinken.

Achtung:
Wegen der Pyrrolizidinalkaloide kommt es bei Dauergebrauch zur Leberschädigung! Eine Teekur ist deshalb auf 2 Wochen zu beschränken und sollte nicht während der Schwangerschaft durchgeführt werden.

Übrigens:
Der wissenschaftliche Gattungsname beschreibt die häufige Anwendung dieser Pflanze: „tussis": Husten; „agere": vertreiben.

Johanniskraut

Hypericum perforatum   Beet 4, 6

Familie:
Johanniskrautgewächse *Hypericaceae*

Vorkommen:
Ursprünglich kam die Art von Europa bis nach China vor. Heute ist sie in die kühlgemäßigten Zonen weltweit verschleppt. Die Pflanze wächst z. B. an trockenen Wald- oder Wegrändern und besonders gerne an Bahndämmen.

Verwendete Pflanzenteile:
Kraut

Wirkstoffe:
Ätherisches Öl, Flavonoide (z. B. Hyperosid und Rutin), der rote Farbstoff Hypericin usw.

Wirkung:
Regt Verdauungsdrüsen sowie den Kreislauf an, hellt die Stimmung auf (Arnika der Nerven!), wirkt (äußerlich angewendet) entzündungswidrig und wundheilfördernd.

Achtung:
Das pralle Sonnenlicht sollte während der Anwendung von Johanniskraut gemieden werden, da die Haut lichtempfindlicher wird und es leicht zu Sonnenbrand kommen kann!

Rezept:
Johanniskraut-Öl: Eine Handvoll frischer Blüten(stände) zerquetschen und mit ca. der dreifachen Menge Weizenkeim- oder Olivenöl in einer Weißglasflasche ca. 6 Wochen an der Sonne stehenlassen. Das Öl färbt sich mit der Zeit leuchtend rot. Durch ein Tuch abseihen, auspressen und in einer gut schließenden Flasche aufbewahren. Auf kleine Wunden, Verstauchungen, Blutergüsse oder Verbrennungen aufgetragen, beschleunigt es die Heilung.

Übrigens:
Um den 24. Juni, am Johannistag, steht die Pflanze in voller Blüte.

Kamille

Matricaria recutita Beet 1, 5, 6

Familie:
Korbblütler *Asteraceae*

Vorkommen:
Seit der jüngeren Steinzeit läßt sich die Art in Mitteleuropa nachweisen. Sie wurde vermutlich im Zuge des beginnenden Ackerbaus bei uns eingeschleppt. Die Pflanze wächst häufig in Getreidefeldern, an Wegen und Schuttstellen.

Verwendete Pflanzenteile:
Blütenköpfchen

Wirkstoffe:
Ätherisches Öl (mit Chamazulen und Bisabolol), Flavonoide, Schleim usw.

Wirkung:
Sehr vielseitig: Lindert akute und chronische Magenbeschwerden; fördert aufgrund ihrer entzündungswidrigen Eigenschaft die Heilung entzündeter Schleimhäute und schlecht heilender Wunden; hat eine Wirkung auf Pilzerkrankungen usw.

Rezept:
Kamillen-Dampf gegen Entzündungen des Nasen- und Rachenraumes:
In einem Topf übergießt man eine Handvoll Kamillenblüten mit kochendem Wasser und atmet anschließend 5 bis 10 Minuten lang die heißen Kamilledämpfe ein, indem man den Kopf über den Topf hält und alles mit einem Tuch abdeckt. Die Augen sollte man dabei geschlossen halten!

Übrigens:
Die Echte Kamille (*Matricaria recutita*) hat im Gegensatz zu ihren Verwandten einen hohlen Blütenboden und nur ihre Blütenköpfchen (nicht die Blätter) duften nach Kamille.

Klette

Arctium lappa   Beet 1, 7, 8

Familie:
Korbblütler *Asteraceae*

Vorkommen:
Die Art ist von Europa bis Japan verbreitet. Bei uns findet man sie häufig an Schuttplätzen, Wegen oder Zäunen. Vermutlich ist sie seit der jüngeren Steinzeit in unserem Gebiet.

Verwendete Pflanzenteile:
Wurzel

Wirkstoffe:
Ätherisches Öl, Gerbstoffe usw.

Wirkung:
Klettenwurzelöl pflegt Kopfhaut, nährt das Haar und glättet spröde Haarspitzen.

Rezept:
Klettenwurzelöl: 15 g Klettenwurzel in eine braune Flasche füllen, mit 100 g Olivenöl übergießen und gut verschlossen 3 Wochen lang an einem warmen Ort stehenlassen. Nach dem Absieben in einer braunen Flasche aufbewahren. Vor dem Haarewaschen die Kopfhaut mit dem Öl einmassieren und etwas einwirken lassen.

Übrigens:
Die Früchte der Klette sind mit feinen – aber äußerst wirksamen – Häkchen ausgestattet. Streift ein Tier oder ein Mensch an den reifen Früchten vorbei, so bleiben sie im Fell oder an der Kleidung hängen und werden mitgetragen. Auf diese Weise breitet sich die Pflanze aus.

Königskerze

Verbascum densiflorum   Beet 5

Familie:
Braunwurzgewächse
Scrophulariaceae

Vorkommen:
Bei uns findet man die Pflanze an sonnigen Schuttplätzen, an Wegrändern und Dämmen oder als Zierpflanze in Gärten.

Verwendete Pflanzenteile:
Blüten ohne Kelch

Wirkstoffe:
Schleim, Saponine, Flavonoide usw.

Wirkung:
Der Schleim wirkt reizlindernd und die Saponine schleimlösend. Daher ist die Königskerze als Bestandteil in Hustentees geeignet.

Rezept:
Hustentee: 8 Teile Eibischwurzel, 4 Teile Malvenblüten, 3 Teile Süßholzwurzel, 2 Teile Königskerzenblüten und 2 Teile zerstoßener Anis mischen. 1 bis 2 Teelöffel der Mischung mit ¼ l heißem Wasser übergießen und 10 Minuten ziehen lassen. 3 Tassen pro Tag gut warm und mit Honig gesüßt trinken.

(Brüht man den Tee in einer Glaskanne auf, so kann man eine interessante Farbveränderung von blau bis gelb verfolgen).

Übrigens:
Jede Einzelblüte blüht nur einen einzigen Tag lang, dann fällt sie ab. Weil aber laufend neue Blüten am oberen Ende des Blütenstandes gebildet werden, leuchtet die Pflanze über viele Wochen hinweg in ihrem schmucken Kleid.

Kümmel

Carum carvi Beet 1

Familie:
Doldenblütler *Apiaceae*

Vorkommen:
Die Art ist von Europa über Zentralasien bis nach Kamtschatka heimisch. In Nordamerika und Neuseeland wurde sie eingeschleppt. Bei uns findet man sie gesellig in meist kalkreichen Gebirgsfettwiesen und -weiden.

Verwendete Pflanzenteile:
Früchte

Wirkstoffe:
Ätherisches Öl (mit Carvon und Limonen), Flavonoide usw.

Wirkung:
Verdauungsfördernd, krampflösend und antiseptisch. Lindert Verdauungsbeschwerden, Blähungen, sowie Krämpfe im Magen-Darm-Trakt.

Rezept:
1 Teelöffel Kümmelfrüchte zerstoßen, mit ¼ l kochendem Wasser übergießen und 10 Minuten ziehen lassen. Den Tee warm und schluckweise trinken.
Bei nervös bedingten Magenbeschwerden können dem Kümmel Fenchel, Melisse und Hopfen beigemischt werden.

Achtung!
Kümmel nur selbst sammeln, wenn man die Pflanze genau kennt. Es besteht Verwechslungsgefahr mit giftigen Doldenblütlern!

Übrigens:
Als Gewürz ist Kümmel vielseitig anwendbar! Gibt man z. B. beim Krautkochen ein Säckchen mit Kümmel bei, so stört beim Essen kein Kümmelkorn, und die Speise wird viel bekömmlicher.

Labkraut

Galium verum   Beet 4

Familie:
Rötegewächse *Rubiaceae*

Vorkommen:
Bei uns findet man die Pflanze in Kalk-Magerrasen, an Böschungen oder an Wegrainen.

Verwendete Pflanzenteile:
Kraut

Wirkstoffe:
Kieselsäure, Gerbstoffe, Glykoside usw.

Wirkung:
Harntreibend. Wird in der Volksmedizin gegen Nierenleiden eingesetzt.

Übrigens:
Wie der Labmagen von Rindern enthält das Labkraut ein Enzym (Lab-Enzym), das Milch gerinnen läßt. Bei der Herstellung von Hartkäse spielt das Lab-Enzym eine wichtige Rolle.

Lein

Linum ussitatissimum   Beet 1, 8

Familie:
Leingewächse *Linaceae*

Vorkommen:
Seit der jüngeren Steinzeit läßt sich die Pflanze bei uns nachweisen. Wild ist sie unbekannt! Früher wurde sie häufig als Winterfrucht angebaut; heute nur noch selten als Sommerfrucht.

Verwendete Pflanzenteile:
Leinsamen; daraus gepreßtes Öl

Wirkstoffe:
Schleim, fettes Öl, Glykoside, die Blausäure freisetzen können, usw.

Wirkung:
Leinsamen wirken als mildes Abführmittel bei Verstopfung. Leinöl lindert z. B. trockene Hautausschläge.

Rezept:
Gegen Verstopfung 3mal täglich 2 Teelöffel Leinsamen mit viel Flüssigkeit einnehmen. Die Abführwirkung sollte nach ca. 12 Stunden eintreten. Leinsamenschrot sollte nicht länger als 3 Wochen ununterbrochen eingenommen werden!

Übrigens:
Es gibt zwei wichtige Unterarten des Lein. Die eine dient der Öl-, die andere der Fasergewinnung.

Löwenzahn

Taraxacum officinalis Beet 2, 7

Familie:
Korbblütler *Asteraceae*

Vorkommen:
Löwenzahn ist von Europa bis Asien heimisch und kommt heute in den gemäßigten Zonen weltweit vor. Bei uns ist er in fetten Wiesen häufig.

Verwendete Pflanzenteile:
Kraut, Wurzel

Wirkstoffe:
Bitterstoffe, Vitamine usw.

Wirkung:
Regt Leber und Niere zu erhöhter Aktivität an, hat einen günstigen Einfluß auf das Bindegewebe und verbessert das Allgemeinbefinden geschwächter Menschen.

Rezept:
Mindestens einen Monat lang werden in der Löwenzahn-Frühjahrskur morgens und abends je eine Tasse Tee nach folgendem Rezept getrunken: 1 gehäufter Teelöffel mit ¼ l kaltem Wasser übergießen, zum Kochen bringen und 10 Minuten ziehen lassen.

Übrigens:
Wird zu oft Gülle auf die Wiesen ausgebracht, so vermehrt sich der Löwenzahn massenhaft auf Kosten der anderen Wiesenpflanzen. Eine solche überdüngte Wiese erscheint im Frühjahr als knallgelbes Blütenmeer des Löwenzahn.

Mädesüß

Filipendula ulmaria   Beet 7

Familie:
Rosengewächse *Rosaceae*

Vorkommen:
Die Art kommt von Europa bis zur Mongolei vor. Bei uns findet man sie häufig an Gräben oder in nassen Wiesen.

Verwendete Pflanzenteile:
Blühendes Kraut

Wirkstoffe:
Salicylsäureverbindungen (s. u.), ätherisches Öl, Glykoside usw.

Wirkung:
Äußerlich als Rheumamittel.

Übrigens:
1859 stellte Kolbe zum erstenmal Salicylsäure im Labor synthetisch her. 1898 wurde das Schmerzmittel Acetylsalicylsäure – besser bekannt unter dem Namen „Aspirin" – eingeführt. Dieses preiswerte und wirksame Medikament hat die Anwendung von Mädesüß und Weidenrinde weitgehend verdrängt.

Mariendistel

Silybum marianum Beet 1

Familie:
Korbblütler *Asteraceae*

Vorkommen:
Die Art ist im Mittelmeerraum heimisch und wird bei uns z. T. in Gärten angebaut.

Verwendete Pflanzenteile:
Frucht ohne Haarkrone

Wirkstoffe:
Silymarin (ein Flavonoid-Gemisch), Bitterstoffe, etwas ätherisches Öl, usw.

Wirkung:
Silymarin beeinflußt das Regenerationsvermögen der Leber sehr günstig (z. B. bei Fettleber oder nach überstandener Gelbsucht).

Rezept:
Da Silymarin nur schlecht wasserlöslich ist, eignen sich die Früchte kaum zur Teebereitung. Wirksamer ist die 3 mal tägliche Einnahme von je einem Teelöffel pulverisierter Früchte. Das Pulver kann beispielsweise in Müsli oder Joghurt vermischt eingenommen werden. Auf jeden Fall sollte die Anwendung über einen längeren Zeitraum erfolgen.

Übrigens:
Wem die Zubereitung des Pulvers zu mühsam ist, der sei auf Fertigpräparate verwiesen, die es in der Apotheke zu kaufen gibt.

Melisse

Melissa officinalis Beet 4

Familie:
Lippenblütler *Lamiaceae*

Vorkommen:
Die Heimat der Art ist der nordöstliche Mittelmeerraum. Bei uns wird sie in Gärten angebaut.

Verwendete Pflanzenteile:
Blätter

Wirkstoffe:
Ätherisches Öl (mit Citronell und Geraniol), Bitterstoffe, Gerbstoffe usw.

Wirkung:
Beruhigt die Nerven, lindert nervös bedingte Bauchschmerzen und fördert den Schlaf.

Rezept:
2 bis 3 Teelöffel Melisseblätter mit ¼ l kochendem Wasser übergießen und 10 Minuten zugedeckt ziehen lassen. Mit Honig gesüßt 3 Tassen pro Tag trinken.

Übrigens:
Kauft man in der Drogerie Melissenöl, so stammt es in der Regel nicht von unserer Melisse (*Melissa officinalis*), sondern von der fernöstlichen Grasart *Cymbopogon nardus*. Dieses „indische Melissenöl" hat ähnliche Eigenschaften wie echtes Melissenöl, es ist jedoch wesentlich preiswerter.

Möhre

Daucus carota   Beet 6

Familie:
Doldenblütler *Apiaceae*

Vorkommen:
In den warmgemäßigten Zonen kommt die Art heute weltweit vor. Bei uns findet man sie in tieferen Lagen an Wegrändern, an Schuttplätzen und in Wiesen.

Verwendete Pflanzenteile:
Wurzel (Kraut)

Wirkstoffe:
Vitamine, Flavonoide usw.

Wirkung:
Als Wurmmittel gegen den Befall von Madenwürmern.

Rezept:
Möhrenwurzeln zerreiben und sich 1 bis 2 Tage lang davon ernähren.

Übrigens:
Die heute im Garten angebaute Gelbe Rübe, eine nahe Verwandte der wilden Möhre, läßt sich seit Ende des 17. Jahrhunderts in Mitteleuropa nachweisen. Sie stammt ursprünglich aus Afghanistan.

Odermennig

Agrimonia eupatoria   Beet 1

Familie:
Rosengewächse *Rosaceae*

Vorkommen:
Die Art ist in der warmgemäßigten Zone der Nordhalbkugel verbreitet. Bei uns findet man sie im Saum von Hecken, in Magerrasen oder an Böschungen.

Verwendete Pflanzenteile:
Blühendes Kraut

Wirkstoffe:
Gerbstoffe, ätherisches Öl, Bitterstoffe usw.

Wirkung:
Lindert Durchfall sowie Entzündungen im Mund- und Rachenraum.

Rezept:
2 Teelöffel geschnittenes Odermennigkraut mit ¼ l Wasser zum Kochen bringen und 5 Minuten ziehen lassen. Bei Durchfall sollte der Tee mit einer Messerspitze Kochsalz und einer Prise Traubenzucker versetzt werden. 2 bis 3 Tassen pro Tag frisch zubereitet trinken.

Übrigens:
Dem Odermennig wird ein günstiger Einfluß auf strapazierte Stimmbänder nachgesagt. Redner, Lehrer, Sänger, kurzum alle, die auf ihre Stimme angewiesen sind, könnten also die Wirkung von Odermennig als Gurgelmittel testen.

Pfefferminze

Mentha x piperta — Beet 1

Familie:
Lippenblütler *Lamiaceae*

Vorkommen:
Die Pflanze kommt nicht wild vor. Verschiedene Sorten werden weltweit angebaut.

Verwendete Pflanzenteile:
Blätter

Wirkstoffe:
Ätherisches Öl (mit Menthol), Gerbstoffe, Bitterstoffe usw.

Wirkung:
Pfefferminze begünstigt den Gallenfluß, wirkt krampflösend und appetitanregend. Es ist ein gutes Mittel gegen Magen-, Darm- und Gallebeschwerden, wenn diese mit Brechreiz und Übelkeit einhergehen.

Rezept:
1 Eßlöffel Pfefferminzblätter mit ¼ l kochendem Wasser übergießen und 10 Minuten zugedeckt ziehen lassen. Den Tee zwischen den Mahlzeiten ungezuckert trinken.

Übrigens:
Die Pfefferminze ist 1696 in England spontan aus der zufälligen Kreuzung von zwei anderen Minzen-Arten entstanden. Als Bastard ist die Pflanze steril und kann nur über Ausläufer vermehrt werden. Der Urahn aller Pfefferminzpflanzen stammt also aus einem Garten in England!

Ringelblume

Calendula officinalis   Beet 6

Familie:
Korbblütler *Asteraceae*

Vorkommen:
Wahrscheinlich ist die Pflanze im Mittelmeerraum urwüchsig. Bei uns findet man sie oft in Gärten. Sogar in den Klostergärten des Himalaja wird sie als Heilpflanze angebaut.

Verwendete Pflanzenteile:
Blüten

Wirkstoffe:
Ätherisches Öl, Saponine, Glykoside usw.

Wirkung:
Ähnlich wie Arnika wirkt Ringelblume entzündungshemmend und begünstigt die Heilung von Verstauchungen, Quetschungen, schlecht heilenden Wunden, Nagelbettentzündungen usw.

Rezept:
Ringelblumensalbe: 250 g Melkfett (in der Drogerie erhältlich) aus der Dose nehmen, in einem Topf zerfließen lassen, eine Handvoll Ringelblumen dazugeben und eine Stunde bei geringer Wärme ausziehen lassen. Anschließend abseihen, die flüssige Salbe in die Dose zurückfüllen und erstarren lassen.

Übrigens:
Die auffallend geringelten Früchte gaben der Pflanze den Namen.

Salbei

Salvia officinalis   Beet 4, 5

Familie:
Lippenblütler *Lamiaceae*

Vorkommen:
Die Art ist im Mittelmeerraum zu Hause und wird bei uns gerne in Gärten angebaut.

Verwendete Pflanzenteile:
Blätter

Wirkstoffe:
Ätherisches Öl (mit dem giftigen Thujon; Kampfer, u. a.), Bitterstoffe, Gerbstoffe

Wirkung:
Lindert Entzündungen im Mund- und Rachenraum, wirkt krampflösend und dämpft Nachtschweiß.

Rezept:
1 Teelöffel Salbeiblätter mit ¼ l Wasser übergießen, den Ansatz einige Stunden stehen lassen, anschließend 3 Minuten ohne Deckel kochen und abseihen. Der Tee eignet sich heiß zum Gurgeln oder kalt gegen Nacht- und Fußschweiß.

Übrigens:
Der Name Salbei (Bot. *Salvia*) geht letztendlich zurück auf das lateinische „salvus", was gesund oder heil bedeutet.

Sanikel

Sanicula europaea   Beet 6, 8

Familie:
Doldenblütler *Apiaceae*

Vorkommen:
Von Europa und Nordafrika reicht das Verbreitungsgebiet der Art über den Iran bis nach Sibirien. Bei uns findet man Sanikel in krautreichen Eichen- und Buchenwäldern oder in Auewäldern.

Verwendete Pflanzenteile:
Kraut (Wurzel)

Wirkstoffe:
Saponine, Gerbstoffe, Bitterstoffe, Allantoin (im Kraut)

Wirkung:
In mittelalterlichen Kräuterbüchern werden dem Sanikel viele Anwendungsmöglichkeiten bescheinigt. Die Pflanze ist in unserer Zeit etwas in Vergessenheit geraten und es gibt wenig Erfahrung mit ihrem Umgang. In der Volksmedizin wird sie z. B. zur Behandlung schlecht heilender Wunden eingesetzt.

Rezept:
Umschläge: 1 Eßlöffel geschnittene Sanikelblätter in ½ l kaltem Wasser ansetzen und kurz aufkochen. Mit dieser Abkochung wird ein sauberes Tuch getränkt und auf die Wunde gelegt. Alle 3 Stunden sollte der Umschlag erneuert werden.

Übrigens:
Wie der Beinwell enthält Sanikel das wundheilfördernde Allantoin.

Schafgarbe

Achillea millefolium   Beet 1, 6

Familie:
Korbblütler *Asteraceae*

Vorkommen:
Die Art ist von Europa bis Sibirien heimisch und wurde vom Menschen nach Nordamerika und Australien verschleppt. Bei uns findet man die Pflanze in Wiesen und Weiden, in Äckern oder am Wegrand.

Verwendete Pflanzenteile:
Blühendes Kraut

Wirkstoffe:
Ätherisches Öl (mit Chamazulen, u. a.), Bitterstoffe, Flavonoide usw.

Wirkung:
Schafgarbe lindert Blähungen, Magen- und Darmstörungen und regt den Appetit an. Äußerlich angewendet fördert sie die Heilung schlecht heilender Wunden.

Rezept:
2 Teelöffel Schafgarbenkraut mit ¼ l kochendem Wasser übergießen und 15 Minuten ziehen lassen. Bei Bedarf 2 bis 3 warme Tassen Tee pro Tag trinken.

Übrigens:
Schafgarbe ist eng mit Kamille verwandt und enthält auch ähnliche Wirkstoffe. Die Art gliedert sich in mehrere Unterarten auf, die sehr schwierig voneinander zu unterscheiden sind. Sie unterscheiden sich aber in der Zusammensetzung ihres ätherischen Öls.

Schlüsselblume

Primula veris/elatior Beet 5

Geschützt!

Familie:
Primelgewächse *Primulaceae*

Vorkommen:
Von Mitteleuropa bis nach Ostasien ist die kalkliebende Pflanze verbreitet. Bei uns findet man sie z. B. in Halbtrockenrasen, an Böschungen oder in krautreichen Eichenwäldern.

Verwendete Pflanzenteile:
Wurzel (Blüten)

Wirkstoffe:
Saponine, ferner Flavonoide, ätherisches Öl, Kieselsäure usw.

Wirkung:
Löst Hustenreiz aus und erleichtert das Abhusten von zähem Schleim bei festsitzendem Husten.

Rezept:
Hustentee: Schlüsselblumenwurzel, Anis (gestoßen), Malvenblätter und Fenchel im Verhältnis 3:1:1:1 mischen. 2 Teelöffel dieser Mischung mit ¼ Liter kochendem Wasser übergießen und 10 Minuten ziehen lassen. Mit Honig gesüßt so heiß wie möglich 3 Tassen täglich trinken.

Übrigens:
Die Hohe Schlüsselblume (*Primula elatior*) kann gleichermaßen verwendet werden.

Schöllkraut

Chelidonium majus   Beet 1, 8

Giftig!

Familie:
Mohngewächse *Papaveraceae*

Vorkommen:
Von Europa bis Sibirien ist die Pflanze heimisch, in Nordamerika wurde sie eingeschleppt. Bei uns findet man das Schöllkraut meist in der Nähe von Bauernhöfen, aber auch an Zäunen oder in Mauerritzen.

Verwendete Pflanzenteile:
Kraut

Wirkstoffe:
Ca. 20 verschiedene Alkaloide (u. a. Chelidonin), Saponine usw.

Wirkung:
Beseitigt Warzen.

Rezept:
Bricht man den Stengel der Pflanze ab, so fließt ein gelber Milchsaft heraus. Man betupft die Warze mehrmals täglich mit diesem Milchsaft und läßt ihn einwirken.

Übrigens:
Die Pflanze ist giftig und sollte nicht leichtfertig innerlich angewendet werden.

Seifenkraut

Saponaria officinalis Beet 5, 8

Familie:
Nelkengewächse *Caryophyllaceae*

Vorkommen:
Die Art ist von Europa bis Sibirien verbreitet. Bei uns findet man sie in Unkrautfluren von Auewäldern, an Flußufern, auf Kiesbänken oder an Wegen und Schuttplätzen.

Verwendete Pflanzenteile:
Kraut, Wurzel

Wirkstoffe:
Saponine

Wirkung:
Die Saponine verflüssigen zähen Bronchialschleim. Sie haben außerdem eine pilztötende Wirkung. In großen Dosen sind sie auch für den Menschen giftig!

Rezept:
Äußerlich sowie innerlich kann Seifenkrauttee angewendet werden: 1 Teelöffel geschnittene Seifenkrautwurzel mit ¼ l kaltem Wasser ansetzen, einige Stunden ausziehen lassen, danach kurz aufkochen und abpressen. Bei der innerlichen Anwendung als Hustentee kann der Wurzelaufguß durch Zugabe von ½ Teelöffel Fenchel und Honig geschmacklich und in seiner Wirkung verbessert werden.

Übrigens:
Wegen ihrer schäumenden Wirkung wird die Wurzel von Seifenkraut manchen Reinigungsmitteln zugesetzt. Früher wurde sie als Waschmittel gebraucht.

Spitzwegerich

Plantago lanceolata   Beet 5, 6

Familie:
Wegerichgewächse *Plantaginaceae*

Vorkommen:
Die Art ist von Europa bis nach Asien ursprünglich. Heute ist sie in die meisten Gebiete der Erde verschleppt. Bei uns findet man sie häufig in Wiesen, an Wegen oder in Parkanlagen.

Verwendete Pflanzenteile:
Kraut

Wirkstoffe:
Schleim, Glykoside (z. B. Aucubin), Gerbstoffe usw.

Wirkung:
Antibakteriell, wundheilend, reizmildernd. Lindert Husten, eignet sich zur Wundbehandlung sowie zur Juckreizlinderung nach Insektenstichen.

Rezept:
Gegen das Jucken nach Insektenstichen zerkaut man ein Spitzwegerichblatt und drückt es auf die Stichstelle. Hustentee: 2 Teelöffel geschnittenes Spitzwegerichkraut mit ¼ l kochendem Wasser übergießen und 15 Minuten ziehen lassen. Mit Honig gesüßt 3 Tassen pro Tag trinken.

Übrigens:
Wird eine Spitzwegerichpflanze verletzt, so wird das Glykosid Aucubin aufgespalten und es entsteht daraus eine Substanz, die Mikroorganismen abtötet. Auf diese Weise wird eine verletzte Spitzwegerichpflanze vor Infektionen geschützt.

Stockrose

Alcea rosea   Beet 5

Familie:
Malvengewächse *Malvaceae*

Vorkommen:
Die Heimat der Stockrose ist das östliche Mittelmeergebiet. Bei uns wird sie gerne in Bauerngärten angepflanzt.

Verwendete Pflanzenteile:
Blüten

Wirkstoffe:
Pflanzenschleime

Wirkung:
Lindert Reizhusten.

Rezept:
Allein aus Stockrosenblättern zubereiteter Tee wird selten verwendet. Häufiger verwendet man die Blätter als Bestandteil von Teemischungen gegen Husten. Dadurch bekommen sie eine schöne rote Farbe.

Übrigens:
Die roten Blütenblätter können auch zum Färben von Wein eingesetzt werden.

Tausendgüldenkraut

Centaurium erythraea Beet 1, 3

Geschützt!

Familie:
Enziangewächse *Gentianaceae*

Vorkommen:
Das Verbreitungsgebiet der Art reicht von Europa über den Kaukasus bis in den Iran. Bei uns findet man die Pflanze in sonnigen Waldschlägen, in grasigen Waldlichtungen oder in Halbtrockenrasen.

Verwendete Pflanzenteile:
Kraut

Wirkstoffe:
Glykoside mit sehr bitterem Geschmack.

Wirkung:
Appetitanregend und verdauungsfördernd.

Rezept:
Teemischung gegen Appetitlosigkeit: Tausendgüldenkraut und Pfefferminze im Verhältnis 2:1 mischen. 2 Teelöffel der Mischung mit ¼ l kochendem Wasser übergießen und 10 Minuten ziehen lassen. ½ Stunde vor dem Mittagessen trinken.

Übrigens:
Im Mittelalter wurde Tausendgüldenkraut hoch geschätzt – man sagte es sei tausend Gulden wert!

Thymian

Thymus pulegioides Beet 1, 4, 5, 6, 7

Familie:
Lippenblütler *Lamiaceae*

Vorkommen:
Bei uns findet man den Feld-Thymian häufig in Magerrasen, an Böschungen, an Felsen oder auf Ameisenhaufen. Der Echte Thymian *(Thymus vulgaris)* ist im westlichen Mittelmeerraum verbreitet und kommt bei uns nicht wild vor.

Verwendete Pflanzenteile:
Kraut

Wirkstoffe:
Ätherisches Öl (mit Thymol) usw.

Wirkung:
Krampflösend und desinfizierend. Lindert krampfartige Husten und Bronchitis. In der Volksmedizin wird Thymian sehr vielseitig angewendet.

Rezept:
Hustentee: 1 Teelöffel Thymiankraut mit ¼ l Wasser übergießen und kurz aufkochen. Mit Honig gesüßt 3 Tassen pro Tag warm trinken.

Übrigens:
Thymian eignet sich hervorragend zum Würzen von fetten Speisen aller Art.

Wegwarte

Cychorium intybus   Beet 1

Familie:
Korbblütler *Asteraceae*

Vorkommen:
Ursprünglich war die Art von Mitteleuropa bis weit nach Osten verbreitet. Heute ist sie in die gemäßigten Zonen weltweit verschleppt. Bei uns findet man sie z. B. an Wegrändern (Name!) oder Schuttplätzen.

Verwendete Pflanzenteile:
Kraut und Wurzel

Wirkstoffe:
Bitterstoffe, Gerbstoffe, Cholin usw.

Wirkung:
Als bitteres Anregungs- und Kräftigungsmittel regt es den Appetit an, fördert den Gallenabfluß und unterstützt die Leberfunktion.

Rezept:
1 Teelöffel Kraut und Wurzel mit ¼ l kaltem Wasser übergießen und 2 bis 3 Minuten lang kochen. 2 bis 3 Tassen pro Tag trinken.

Übrigens:
Die Wurzel der Wegwarte diente in schlechten Zeiten als Kaffee-Ersatz. Eine andere Varietät ist als Chicorée-Salat bekannt.

Wermut

Artemisia absinthium   Beet 1

Familie:
Korbblütler *Asteraceae*

Vorkommen:
Der Wermut war ursprünglich in den Steppen Osteuropas und Zentralasiens heimisch, ist aber heute auch in unserer Gegend selten an sonnigen Wegen, Schuttplätzen etc. zu finden. In Bauerngärten trifft man ihn regelmäßig an.

Verwendete Pflanzenteile:
Kraut

Wirkstoffe:
Bitterstoffe (z. B. Absinthin), ätherisches Öl (z. B. das giftige Thujon), Gerbstoffe usw.

Wirkung:
Lindert Magen- und Gallenbeschwerden; stärkt die körpereigenen Abwehrkräfte.

Rezept:
Wermut, Pfefferminze, Tausendgüldenkraut im Verhältnis 1:1:1 mischen. 1 Teelöffel dieser Mischung mit ¼ l kochendem Wasser übergießen und 5 Minuten ziehen lassen. Bei Bedarf eine Tasse warm trinken.

Übrigens:
Wermutschnaps – besser bekannt als Absinth – ist giftig und führt bei häufigem Gebrauch zur Abhängigkeit (Absinthismus). Die Folgen einer Wermutvergiftung sind z. B. Kopfschmerzen, Depressionen, Schwindelanfälle, Krämpfe oder Bewußtlosigkeit. Wahrscheinlich hat sich der Maler Vincent van Gogh sein Ohr in einer Depression, die durch Wermutschnaps verursacht wurde, abgeschnitten.

Heilkräutergarten

Literaturverzeichnis

DÖRFLER, H.-P.; ROSELT, G.: Heilpflanzen. Stuttgart. 1984

HOLZNER, W. (Hg.): Das kritische Heilpflanzenbuch. Wien. 1985

OBERDORFER, E. (Hg.): Pflanzensoziologische Exkursionsflora. Stuttgart. 1990

PAHLOW, M.: Das große Buch der Heilpflanzen. München. 1989

PÜTZ, J.: NIKLAS, C.: Gesundheit durch Kräuter und Essenzen. Köln. 1993

RIMPLER, H. (Hg.): Biogene Arzneistoffe. Stuttgart. 1990

WICHTL, M. (Hg.): Teedrogen und Phytopharmaka. Stuttgart. 1997

Kräutergärten in der Umgebung

- Insel Reichenau, Kloster Mittelzell
- Gengenbach, Kloster
- Freiburg, Botanischer Garten
- Schenkenzell, Schaugarten der Kytta-Werke
- Schaffhausen/CH, Kloster Allerheiligen

Pflanzenregister

Ackergauchheil	
(s. Gauchheil)	28, 35
Adonisröschen	34
Akelei	16
Alant	27, 34, 35, 41, 43
Alpenwegerich	29
Andorn	22, 34
Angelich (s. Engelwurz)	28
Anis	54, 67, 82
Aprikose	18
Arnika	14, 34, 36, 41, 44, 64, 78
Augentrost	34, 41, 45, 54
Bärentraube	34, 39, 40, 41, 47
Bärlauch	23, 34, 35, 41, 48
Baldrian	12, 34, 41, 46, 62
Basilikum	34
Baumwolle	37
Beifuß	14, 15, 23, 26, 34
Beinwell	27, 34, 41, 49, 80
Benediktenkraut	34
Berufkraut	18
Besenginster	34, 35
Betonienkraut	24, 34
Bibernelle	14, 34, 41, 50
Blut-Weiderich	34
Blutwurz	25, 34, 39, 40, 41, 50, 51
Bohnenkraut	21, 27
Boretsch	34, 41, 52
Breitwegerich	13, 16
Brennessel	14, 34, 41, 53
Bruchkraut	34
Brunnenkresse	14, 34
Buchs	14
Chinabaum	38
Christrose	13, 34
Cypergras	16
Dahlie	16
Dill	21, 34
Dost	15, 28, 34
Drüsenwurz	16
Eberraute	22, 34
Echte Kamille	65
Echter Thymian	88
Efeu	34
Ehrenpreis	16, 27, 34
Eibisch	34, 67
Eisenkraut	13, 16, 34
Engelwurz	34
Erdbeere	16, 34
Essigrose	21
Färber-Ginster	34
Farn	23
Feld-Thymian	88
Fenchel	21, 22, 34, 41, 45, 54, 68, 82, 84
Fetthenne	14
Feuerbohne	18

Pflanzenregister

Fingerhut	34, 38, 39	Herzgespann	34
Flaschenkürbis	21	Hirtentäschel	34, 41, 61
Frauenmantel	13, 34, 41, 55	Hohe Schlüsselblume	82
Frauenminze	21	Hohlzahn	34
Fuchsschwanz	15	Holunder	14
		Hopfen	34, 35, 42, 62, 67
		Huflattich	27, 34, 35, 40, 42, 63
Gänseblümchen	34		
Gänsefingerkraut	34, 41, 56		
Gamander (s. Ehrenpreis)	16	Immergrün	34
Gartenmelde	18	Iris	12, 13, 16
Gartensalbei	22		
Gauchheil	28, 34, 35		
Gelbe Rübe	75	Johanniskraut	
Geranie	16		13, 14, 25, 26, 28, 34, 35, 41, 64
Giersch	34		
Gnadenkraut	34		
Goldlack	34	Kaffee	38
Goldrute	15, 34, 39, 41, 57	Kahles Bruchkraut	35
Griechisch Heu	21	Kaiserkrone	16
Gundelrebe	34	Kalmus	34
Gurke	22	Kamille	
Guter Heinrich	34		10, 14, 15, 34, 39, 41, 50, 51, 65
		Kanadische Goldrute	57
		Kapuzinerkresse	18, 34, 36
Hafer	34, 41, 58	Kartoffel	34, 37
Hahnenfuß	16, 29	Katzenkraut	22
Hanf	62	Katzenpfötchen	25, 34
Hauhechel	28, 34, 41, 59	Kerbel	21, 22, 34, 36
Hauswurz	34	Klatschmohn	16
Heidekraut	34	Kleiner Wiesenknopf	50
Heidelbeere	34, 39, 41, 60	Klette	34, 41, 66
Heilziest	22	Knoblauch	12, 14, 21, 22, 34, 48
Herbstzeitlose	34, 35	Knöterich	23

Pflanzenregister

Königskerze	15, 34, 35, 40, 41, 67
Kohl	21, 22, 23
Koriander	20
Krauseminze	21, 22
Kreuzenzian	13, 16
Kreuzkümmel	21
Küchenschelle	34, 35
Kümmel	34, 36, 39, 41, 68
Labkraut	12, 16, 34, 41, 69
Lattich	21
Lauch	14, 20
Lavendel	34, 35
Leberblümchen	25, 34
Lein	34, 40, 41, 70
Liebstöckel	12, 16, 21, 22, 27, 34
Lilie	22, 23
Limone	18
Löffelkraut	34
Löwenzahn	14, 34, 42, 71
Lungenkraut	34
Mädesüß	34, 41, 72
Märzenbecher	16
Maiglöckchen	16, 34, 48
Majoran	34
Malve	23, 34, 40, 67, 82
Mangold	21
Mannstreu	34
Marienbettstroh	13
Marienblümchen	13
Mariendistel	13, 34, 41, 73
Meerrettich	23, 34
Meisterwurz	34
Melisse	16, 23, 25, 34, 35, 39, 41, 68, 74
Melone	22
Minze	21, 22
Möhre	34, 41, 75
Mohn	16, 21, 34
Muskatellersalbei	22
Mutterkraut	16
Nachtkerze	36
Nelke	16
Nelkenwurz	34
Odermennig	13, 15, 22, 34, 41, 76
Pappelkraut	28
Pastinak	21
Pestwurz	34
Petersilie	14, 16, 21, 22, 34
Pfefferminze	16, 34, 41, 77, 87, 90
Pfingstrose	16, 34
Pimpinelle	50
Pistazie	18
Polei (s. Minze)	21, 22
Quecke	16, 34
Quendel	27

Pflanzenregister

Rainfarn	15
Raute	12, 14, 15, 21, 22, 34
Rettich	21, 22, 34
Riesen-Goldrute	57
Ringelblume	16, 34, 41, 44, 78
Rose	16, 22
Rosmarin	12, 14, 16, 21, 22, 34, 35
Roter Sonnenhut	16, 34, 36

Sadebaum	14
Salat	22
Salbei	15, 16, 21, 22, 34, 41, 79
Sanikel	34, 41, 80
Sauerampfer	14, 34
Seifenkraut	23, 34, 35, 39, 41, 84
Sellerie	20, 22, 34
Senf	34
Sesam	18
Silberdistel	34
Spelt	16
Spinat	14, 18
Spitzwegerich	16, 34, 39, 40, 41, 43, 85
Süßholz	67
Schachtelhalm	34
Schafgarbe	15, 22, 29, 34, 41, 81
Schirling	36
Schlafmohn	22, 38
Schlüsselblume	16, 34, 35, 36, 41, 43, 82
Schnittlauch	14, 16, 22, 34
Schöllkraut	23, 25, 34, 41, 83

Schwalbenwurz	16
Schwarzkümmel	21
Schwertlilie	16, 21, 22, 34
Stangenbohne	21, 22
Stechpalme	14
Steinbrech	25, 28
Steinklee	34
Stiefmütterchen	16, 34
Stockrose	16, 34, 35, 41, 86
Storchschnabel	34

Tabak	38
Taubnessel	14, 16, 34
Tausendgültenkraut	15, 25, 27, 34, 36, 39, 41, 87, 90
Teufelsabbiß	13
Thymian	12, 16, 34, 41, 88
Tormentill	50
Tränendes Herz	16
Tüpfelfarn	34
Tulpe	16

Veilchen	16, 34
Vergißmeinnicht	16
Vogel-Knöterich	34

Wacholder	14
Waldmeister	34
Walwurz (s. Beinwell)	27
Wassermelone	18
Wegerich	28

Pflanzenregister

Wegwarte	23, 34, 41, 89
Weide	72
Weidenröschen	34
Weinraute (s. Raute)	22
Weißdorn	34, 39
Weiße Lilie	21, 22
Weißer Kümmel	27
Wermut	15, 16, 22, 34, 41, 90
Wiesenknopf	15, 34
Wundklee	16

Ysop	34

Zaunrübe	34
Zwiebel	20, 21, 22, 34